纳税实务习题与实训

（第五版）

高素芬 主编

高等职业教育财务会计类专业课程系列教材

Tax Practice Exercise and Training

5th Edition

东北财经大学出版社
Dongbei University of Finance & Economics Press
大连

图书在版编目（CIP）数据

纳税实务习题与实训 / 高素芬主编. —5版. —大连：东北财经大学出版社，2021.9

（高等职业教育财务会计类专业课程系列教材）

ISBN 978-7-5654-4305-3

Ⅰ. 纳… Ⅱ. 高… Ⅲ. 纳税-税收管理-中国-高等职业教育-教学参考资料 Ⅳ. F812.42

中国版本图书馆CIP数据核字（2021）第158742号

东北财经大学出版社出版

（大连市黑石礁尖山街217号 邮政编码 116025）

网 址：http：//www.dufep.cn

读者信箱：dufep@dufe.edu.cn

大连天骄彩色印刷有限公司印刷 东北财经大学出版社发行

幅面尺寸：185mm×260mm 字数：258千字 印张：12.75

2021年9月第5版 2021年9月第1次印刷

责任编辑：王天华 周 慧 责任校对：魏 巍

封面设计：冀贵收 版式设计：原 皓

定价：29.00元

第五版前言

为了满足《纳税实务》一书的教学需要，帮助学生方便地学习教材的相关内容，提高教学效果和教学质量，我们编写了《纳税实务习题与实训》这本配套教材。

本配套教材依照东北财经大学出版社教材升级的要求，与《纳税实务》（第五版）主教材同步进行了修订。此次修订以最新税收法规为依据，包括《关于深化增值税改革有关政策的公告》（财政部　税务总局　海关总署公告2019年第39号）、《国家税务总局关于取消增值税扣税凭证认证确认期限等增值税征管问题的公告》（国家税务总局公告2019年第45号）、《国家税务总局关于在新办纳税人中实行增值税专用发票电子化有关事项的公告》（国家税务总局公告2020年第22号）、《国家税务总局关于简并税费申报有关事项的公告》（国家税务总局公告2021年第9号）、《国家税务总局关于办理2020年度个人所得税综合所得汇算清缴事项的公告》（国家税务总局公告2021年第2号）、《国家税务总局关于修订企业所得税年度纳税申报表的公告》（国家税务总局公告2020年第24号）、《国家税务总局关于发布〈中华人民共和国企业所得税月（季）度预缴纳税申报表（A类）〉的公告》（国家税务总局公告2021年第3号）等政策文件，新增了环境保护税的相关内容，删除了教材中业已陈旧过时的案例和习题，以保证配套教材的先进性。

本配套教材以纳税工作流程和各种税的计算、核算与申报为主线，旨在通过模拟练习，使学生熟悉企业相关会计岗位的管理工作，进一步掌握各种税的计算方法、纳税申报表的编制方法和账务处理方法。

本配套教材的基本结构与主教材的结构完全相同，共分八个项目，主要内容包括税收基础知识、增值税、消费税、关税、企业所得税、个人所得税、其他税、税收征管相关法规。每个项目的习题与实训主要由单项选择题、多项选择题、判断题、简答题、实务题和综合实训题等构成。

本配套教材由高素芬教授主编，并校对全书；张晓琴参与编写。由于时间仓促和编者水平有限，书中疏漏与不当之处在所难免，敬请同行及广大读者批评指正，以便再版时修订。

编　者

2021年8月

目　录

项目一

税收基础知识

一、单项选择题

1. 如果由于不可抗力或财务会计处理上的特殊情况等原因，纳税人不能按期进行纳税申报，经税务机关核准，可以延期申报，但最长不得超过（　　）。

A.1个月　　B.3个月　　C.半年　　D.1年

2. 因税务机关的责任，致使纳税人、扣缴义务人未缴或少缴税款的，税务机关在（　　）内可以要求纳税人、扣缴义务人补缴税款，但是不得加收滞纳金。

A.1年　　B.2年　　C.3年　　D.5年

3. 根据《中华人民共和国税收征收管理法》（以下简称《税收征管法》）的规定，纳税人未按规定的期限缴纳或者解缴税款的，税务机关除责令限期缴纳外，还应当从滞纳税款之日起，按日加收滞纳税款（　　）的滞纳金。

A.1‰　　B.2‰　　C.0.3‰　　D.0.5‰

4. 按（　　）的不同，税收可以分为从价税、从量税和复合税。

A. 征税对象　　B. 税负能否转嫁

C. 计税依据　　D. 税收管理和使用权限

5. 某纳税人某月取得收入500元，税率为10%，若规定起征点和免征额为480元，则按起征点和免征额办法计算，分别应纳税（　　）。

A.50元和2元　　B. 50元和48元　　C.24元和2元　　D. 2元和0元

6. 我国现行税法中采用超额累进税率的税种是（　　）。

A. 个人所得税　　B. 企业所得税　　C. 土地增值税　　D. 增值税

7. 下列关于纳税人的叙述，不正确的是（　　）。

A. 纳税人是由税法直接规定的

B. 当存在税负转嫁时，纳税人就是负税人

C. 扣缴义务人是纳税人的一种特殊形式

D. 纳税人可以是法人，也可以是自然人

8. 下列各项是对同一征税对象，不论数额大小，均按相同比例征税的是（　　）。

A. 比例税率　　B. 累进税率　　C. 定额税率　　D. 复合税率

9. 在我国的税收体系中，采用多次课征的税种是（　　）。

A. 消费税　　B. 增值税　　C. 印花税　　D. 企业所得税

10.（　　）是衡量税负轻重与否的重要标志，是税收制度的核心。

A. 征税对象　　B. 税目　　C. 税率　　D. 计税依据

11. 定额税率的一个重要特点是（　　）。

A. 按税目确定税额　　B. 与征税对象数量成比例

C. 不受价格的影响　　D. 与课税数量成反比

12. 纳税人的税务登记内容发生变化时，应当依法向原税务登记机关申报办理（　　）。

A. 注销税务登记　　B. 变更税务登记

C. 开业税务登记　　D. 注册税务登记

13. 账簿、凭证、会计核算制度比较健全的纳税人应采取的税款征收方式为（　　）。

A.查账征收　　B.查定征收　　C.查验征收　　D.邮寄申报

14.纳税期限是依法确定的纳税人（　　）的期限。

A.办理纳税登记　　B.办理税款预交

C.据以计算应纳税额　　D.解缴税款

15.《税收征管法》及其实施细则规定，除法律、行政法规另有规定的以外，会计账簿、会计凭证、会计报表及其他有关资料应当保存（　　）。

A.3年　　B. 10年　　C. 5年　　D. 20年

16.发票的存放和保管应按税务机关的规定办理，不得丢失和擅自损毁。已经开具的发票存根联和发票等登记簿，应当保存（　　）。

A.1年　　B.2年　　C.3年　　D.5年

17.根据《发票管理办法》的规定，（　　）统一负责全国发票管理工作。

A.国务院　　B. 财政部

C.国家税务总局　　D.省、自治区、直辖市税务局

18.下列说法正确的是（　　）。

A.纳税人在纳税申报期限内无论有无应纳税额都应办理纳税申报

B.纳税人在纳税申报期限内无应纳税额不办理纳税申报

C.纳税人在享受免税待遇期间可不办理纳税申报

D.纳税人在享受减税待遇期间可不办理纳税申报

19.下列行为中，构成逃避缴纳税款罪的是（　　）。

A. 逃避缴纳税款数额较大并且占应纳税额10%以上的，处3年以下有期徒刑或者拘役，并处罚金

B. 逃避缴纳税款数额巨大并且占应纳税额30%以上的，处3年以下有期徒刑，并处罚金

C. 逃避缴纳税款数额巨大并且占应纳税额30%以上的，处7年以上有期徒刑，并处罚金

D. 逃避缴纳税款数额较大并且占应纳税额10%以上的，处3年以上有期徒刑或者拘役，并处罚金

20.对逃避缴纳税款、抗税、骗税的，税务机关的税款追征期是（　　）。

A.3年　　B.10年　　C.5年　　D.无限期

二、多项选择题

1.依据《税收征管法》的规定，纳税人在（　　）时，应依法办理变更税务登记。

A.法定代表人发生变化　　B.名称发生变化

C.依法被吊销营业执照　　D.发生解散

2.纳税人可以申请延期纳税的情形有（　　）。

A.遇到人力不可抗拒的自然灾害　　B.可供纳税的财产等遭遇偷盗

C.可供纳税的货款拖欠　　D.可减免税

3.由税务机关负责征收管理的税种主要有（　　）。

A.增值税与消费税　　B.房产税与印花税

C.契税与车船税　　D.城镇土地使用税

4.根据现行规定，属于中央政府固定收入的有（　　）。

A.消费税　　B.关税

C.增值税　　D.海关代征的增值税和消费税

5.我国现行税制中采用的累进税率有（　　）。

A.全额累进税率　　B.超率累进税率

C.超额累进税率　　D.超倍累进税率

6.下列各项属于中央税的有（　　）。

A.消费税　　B.关税

C.企业所得税　　D.增值税

7.税务机关是发票的主管机关，负责发票的（　　）的管理和监督。

A.领购　　B.印制　　C.开具　　D.缴销

8.增值税专用发票一般一式四联，包括（　　）。

A.发票联　　B.存根联　　C.记账联　　D.抵扣联

9.纳税申报方式主要有（　　）。

A.直接申报　　B.电子申报　　C.简易申报　　D.邮寄申报

10.按规定下列应当办理纳税申报的有（　　）。

A.已办理税务登记负有纳税义务的单位和个人

B.未办理税务登记负有纳税义务的单位和个人

C.负有代扣代缴税款义务的扣缴义务人

D.税款实际负担人

11.目前，我国税款征收的方式主要有（　　）。

A.查账征收　　B.查定征收　　C.查验征收　　D.定期定额征收

12.《税收征管法》规定税务机关可以采取的强制执行措施主要有（　　）。

A.书面通知纳税人开户银行冻结纳税人相当于应纳税款的存款

B.书面通知纳税人开户银行从其存款中扣缴税款

C.扣押、查封纳税人的价值相当于应纳税款的商品、货物或者其他财产

D.扣押、查封、拍卖纳税人的价值相当于应纳税款的商品、货物或者其他财产，以拍卖所得抵缴税款

13.单位、个人在（　　）时，应当按照规定开具、使用、取得发票。

A.购销商品　　B.接受经营服务

C.提供经营服务　　D.从事其他经营活动

14.纳税人办理纳税申报时，应当如实填写纳税申报表，并应根据不同的情况报送（　　）等有关证件、资料。

A.财务会计报表及其说明资料

B.与纳税有关的合同、协议及凭证

C.税控装置的电子报税资料

D.外出经营活动税收管理证明和异地完税凭证

15.根据税收征收管理法律制度的规定，纳税人办理的下列事项中，应当出示税务登记证件的有（　　）。

A.申请减税　　　　B.开立银行账户

C.领购发票　　　　D.办理延期申报

三、判断题

1.财政机关和税务机关是发票主管机关，但增值税专用发票必须由主管税务机关进行监督管理。（　　）

2.纳税人需办理注销税务登记的，应在申报办理注销工商登记前，向原税务机关申报办理注销税务登记；在办理注销税务登记前，应当向税务机关结清应纳税款，缴销发票和其他税务证件。（　　）

3.纳税人在纳税申报期内若有收入，应按规定的期限办理纳税申报；若申报期内无收入或在减免税期间，可以不办理纳税申报。（　　）

4.累进税率的基本特点是税率等级与征税对象的数额等级同方向变动，所以在级距临界点附近会出现税负增加超过征税对象数额增加的不合理现象。（　　）

5.对同一征税对象，不论数额多少，均按同一比例征税的税率称为定额税率。（　　）

6.速算扣除数是对同一征税对象按全额累进税率计算的税额和按超额累进税率计算的税额相减后的差额。（　　）

7.起征点是指达到或超过的，就按全部数额征税，达不到的不征税；而免征额是指达到和超过的，可按扣除该数额后的余额计税。（　　）

8.纳税期限是税收强制性和固定性在时间上的体现，因此，各种税在税法中都有明确的纳税期限。（　　）

9.税率是应纳税额占征税对象数额的比例，也是衡量税负轻重的重要标志。（　　）

10.依据《税收征管法》的规定，税务机关是发票主管机关，负责发票的印刷、领购、开具、取得、保管、缴销的管理和监督。（　　）

四、简答题

1.有人说，纳税人是税法规定的负有纳税义务的单位和个人，而负税人是税款的最终承担者，纳税人缴纳了税款就负担了税款，纳税人和负税人是一致的，你同意这种说法吗？

2.税收和税法是有关纳税的两个最基本的概念，你认为两者之间的关系是什么？

3.什么是逃避缴纳税款？逃避缴纳税款应承担什么法律责任？

4.什么是税务登记？开业税务登记需提交哪些资料？

5.什么是纳税申报？纳税申报分几种类型？延期申报需要具备哪些条件？

项目二

增值税

一、单项选择题

1. 下列各项应视同销售货物征收增值税的是（ ）。

A. 某商店为厂家代销服装

B. 某公司将外购饮料用于个人消费

C. 某企业将外购钢材用于基建工程

D. 某企业将外购食品用于职工福利

2. 增值税一般纳税人销售下列货物，适用9%税率的是（ ）。

A. 图书　　B. 化妆品

C. 速冻食品　　D. 汽车

3. 下列各项不属于增值税免税项目的是（ ）。

A. 药厂生产销售的避孕药具　　B. 药店零售的避孕药具

C. 个体户进口供残疾人专用的物品　　D. 新华书店代销的古旧图书

4. 目前，允许按9%抵扣率抵扣进项税额的是（ ）。

A. 购进免税农产品　　B. 购进废旧物资

C. 购进固定资产　　D. 购进服务

5. 某商场（一般纳税人）采取以旧换新方式销售电视机，每台零售价为3 000元，本月售出电视机150台，旧电视折价200元，共收回150台旧电视，该业务应纳增值税为（ ）元。

A.48 318.58　　B.51 769.91　　C.72 000　　D.57 931.03

6. 小规模纳税人销售货物增值税的征收率为（ ）。

A.3%　　B.4%　　C.6%　　D.11%

7. 纳税人所在地在农村的，其适用的城市维护建设税税率为（ ）。

A.1%　　B.3%　　C.5%　　D.7%

8. 根据增值税的有关规定，下列各项适用13%税率的是（ ）。

A. 销售不动产　　B. 房屋租赁

C. 转让土地使用权　　D. 有形动产融资租赁

9. 下列各项属于兼营增值税不同税率货物或应税劳务的是（ ）。

A. 某农机制造厂既生产销售农机，又承担农机修理业务

B. 销售软件产品并随同销售一并收取软件安装费

C. 零售商店销售家具并实行有偿送货上门

D. 饭店提供餐饮服务并销售香烟、酒水

10. 下列各项不允许抵扣进项税额的是（ ）。

A. 外购专利权　　B. 外购厂房

C. 外购用于福利的货物　　D. 外购机器设备

11. 增值税一般纳税人提供的下列应税服务，适用9%税率的是（ ）。

A. 生活服务　　B. 公路运输服务

C. 有形动产租赁服务　　D. 加工劳务

12.下列各项适用9%税率的是（　　）。

A.机器设备租赁　　B.房屋租赁

C.运输车辆租赁　　D.包装物租赁

13.下列各项适用9%税率的是（　　）。

A.交通运输服务　　B.旅游娱乐服务

C.餐饮住宿服务　　D.养老殡葬服务

14.下列各项适用13%税率的是（　　）。

A.有形动产租赁服务　　B.交通运输业服务

C.文化创意服务　　D.广告服务

15.下列各项按9%税率征收增值税的是（　　）。

A.铁路运输服务　　B.有形动产租赁服务

C.广播影视服务　　D.旅游服务

16.在现行增值税13%标准税率的基础上，还设（　　）两档低税率。

A.10%和3%　　B.6%和3%

C.9%和6%　　D.3%和0

17.下列各项有关增值税税率的描述错误的是（　　）。

A.提供有形动产租赁服务，税率为9%

B.提供交通运输业服务，税率为9%

C.提供现代服务业服务（有形动产租赁服务除外），税率为6%

D.小规模纳税人提供应税服务，税率为3%

18.某零售企业为增值税一般纳税人，月销售货物收入为33 900元，该企业当月计税销售额为（　　）元。

A.30 000　　B.33 900　　C.31 100.92　　D.31 981.13

19.某单位采取折扣方式销售货物，折扣额单独开发票，则销售额为（　　）。

A.扣除折扣额的销售额　　B.不扣除折扣额的销售额

C.折扣额　　D.加上折扣额的销售额

20.纳税人当期的进项税额大于当期的销项税额时，对未抵扣部分的处理办法是（　　）。

A.结转下期继续抵扣　　B.可抵扣以前税款

C.不再给予抵扣　　D.税务部门予以退税

21.企业将自产的货物无偿赠送他人，应视同销售货物计算应交的增值税，借记“营业外支出”科目，贷记“库存商品”和（　　）科目。

A.“应交税费——应交增值税（销项税额）”

B.“应交税费——应交增值税（进项税额转出）”

C.“应交税费——应交增值税（进项税额）”

D.“应交税费——应交增值税（转出未交增值税）”

22.小规模纳税人在购进货物或劳务时，无论是收到普通发票还是增值税专用发票，其会计处理都为（　　）。

A.借：原材料等
　　贷：银行存款等
B.借：原材料等
　　应交税费——应交增值税（进项税额）
　　贷：银行存款等
C.借：原材料等
　　应交税费——应交增值税
　　贷：银行存款等
D.借：原材料等
　　贷：银行存款等
　　　应交税费——应交增值税（销项税额）

23.以1个月为1个纳税期的增值税纳税人，于期满后（　　）日内申报纳税。

A.5　B.15　C.30　D.10

24.进口货物的增值税由（　　）征收。

A.进口地税务机关　B.海关
C.交货地税务机关　D.进口方所在地税务机关

25.下列各项以发出货物当天为增值税纳税义务发生时间的是（　　）。

A.预收货款　B.赊销
C.分期收款　D.将货物交付他人代销

26.一般纳税人与小规模纳税人应税服务年销售额的划分标准是（　　）万元。

A.50　B.80　C.100　D.500

27.在境内提供应税服务，是指（　　）在境内。

A.应税服务提供方　B.应税服务接受方
C.应税服务提供方或者接受方　D.应税服务提供方和接受方

28.增值税一般纳税人购进货物或者接受加工修理修配劳务，用于（　　）项目的，不属于非增值税应税项目，其进项税额准予从销项税额中抵扣。

A.非应税劳务　B.集体福利
C.应税服务　D.个人消费

29.下列各项关于城市维护建设税和教育费附加的表述中，正确的是（　　）。

A.城市维护建设税和教育费附加都具有进口不征、出口不退的计征规则
B.只有同时缴纳增值税、消费税的纳税人，才是我国城市维护建设税的纳税人
C.纳税人违反消费税的有关规定而被加收的滞纳金和罚款，应据以计算缴纳城市维护建设税和教育费附加
D.城市维护建设税和教育费附加均不适用《税收征管法》的规定

30.下列项目的进项税额准予从销项税额中抵扣的是（　　）。

A.接受的贷款服务
B.接受的酒店餐饮服务
C.自用的应征消费税的摩托车、汽车、游艇

D.增值税普通发票

二、多项选择题

1.单位和个人提供的下列劳务中，应征收增值税的有（　　）。

A.汽车的修配　　B.房屋的修理

C.受托加工卷烟　　D.缝纫加工

2.下列行为中，属于视同销售货物应征增值税的有（　　）。

A.委托他人代销货物　　B.销售代销货物

C.将自产的货物用于对外捐赠　　D.将外购货物用于对外投资

3.纳税人购进国内旅客运输服务，其进项税额允许从销项税额中抵扣（　　）。

A.取得注明旅客身份信息的航空运输电子客票行程单的，进项税额=（票价+燃油附加费）÷（1+9%）×9%

B.取得注明旅客身份信息的铁路车票的，进项税额=票面金额÷（1+9%）×9%

C.取得注明旅客身份信息的公路、水路等其他客票的，进项税额=票面金额÷（1+3%）×3%

D.取得增值税电子普通发票的，为发票上注明的税额

4.下列各项属于生产、生活性服务业的有（　　）。

A.邮政服务　　B.现代服务

C.电信服务　　D.生活服务

5.外购下列货物，不能抵扣进项税额的有（　　）。

A.外购生产用设备　　B.外购货物用于免税项目

C.外购货物用于集体福利　　D.外购货物无偿赠送他人

6.下列各项中，属于增值税视同销售行为的有（　　）。

A.将货物交付他人代销

B.将购买的货物用于集体福利和个人消费

C.将自产的货物作为投资提供给其他单位

D.将委托加工收回的货物无偿赠送他人

7.下列凭证中，可以作为增值税扣税凭证的有（　　）。

A.增值税专用发票　　B.海关进口增值税专用缴款书

C.农产品收购发票和农产品销售发票　　D.完税凭证

E.注明旅客身份信息的铁路车票、航空运输电子客票行程单

8.关于增值税计税销售额的规定，下列说法中正确的有（　　）。

A.采用以物易物方式销售货物，由多交付货物的一方以价差计算缴纳增值税

B.采用以旧换新方式销售货物（金银首饰除外），以实际收取的不含增值税的价款计算缴纳增值税

C.采用还本销售方式销售货物，以实际销售额计算缴纳增值税

D.采用销售折扣方式销售货物，不得从销售额中扣减折扣额

9.一般纳税人提供的下列服务，适用6%税率的有（　　）。

A.研发和技术服务　　B.文化创意服务

C.广告代理　　D.铁路运输服务

10.自2019年4月1日起，同时符合以下条件的纳税人，可以向主管税务机关申请退还增量留抵税额（　　）。

A.自2019年4月税款所属期起，连续6个月（按季纳税的，连续2个季度）增量留抵税额均大于零，且第6个月增量留抵税额不低于50万元

B.纳税信用等级为A级或者B级

C.申请退税前36个月未发生骗取留抵退税、出口退税或虚开增值税专用发票情形的

D.申请退税前36个月未因逃避缴纳税款被税务机关处罚两次及以上的

E.自2019年4月1日起未享受即征即退、先征后返（退）政策的

11.现行增值税一般纳税人的税率主要有（　　）。

A.13%　　B.9%　　C.6%　　D.5%

12.自2020年2月1日起，关于货物运输业小规模纳税人的描述，下列说法正确的有（　　）。

A.可以根据自愿原则选择自行开具增值税专用发票

B.未选择自行开具增值税专用发票的纳税人，按照相关规定可以向税务机关申请代开

C.不可以自愿选择自行开具增值税专用发票

D.未选择自行开具增值税专用发票的纳税人，不可以向税务机关申请代开增值税专用发票

13.纳税人发生视同销售行为，应按下列方法确定计税销售额的有（　　）。

A.当月同类货物的最高销售价格

B.纳税人最近时期同类货物的平均销售价格

C.其他纳税人最近时期同类货物的平均销售价格

D.组成计税价格

14.下列各项中，允许从增值税计税销售额中扣除的有（　　）。

A.销售折扣额　　B.销售折让额

C.销售退货额　　D.与销售额开在同一张发票上的折扣额

15.企业应在“应交税费——应交增值税”明细账中设置（　　）等专栏。

A.进项税额　　B.已交税金

C.减免税款　　D.销项税额

16.下列关于纳税义务发生时间的表述中正确的有（　　）。

A.委托其他纳税人代销货物的，其纳税义务发生时间为收到代销款的当天

B.销售应税劳务的，其纳税义务发生时间为提供劳务同时收讫销售额或取得索取销售额凭据的当天

C.采取分期收款方式销售货物的，其纳税义务发生时间为书面合同规定的收款日期

D.先开具发票的，其纳税义务发生时间为开具发票的当天

17.一般纳税人提供应税服务，适用6%税率的有（ ）。

A.研发和技术服务 B.金融服务

C.建筑服务 D.旅游娱乐服务

18.下列各项说法正确的有（ ）。

A.融资性售后回租不按照“租赁服务”缴纳增值税

B.将建筑物、构筑物等不动产或者飞机、车辆等有形动产的广告位出租给其他单位或者个人用于发布广告的，按照“经营租赁服务”缴纳增值税

C.车辆停放服务、道路通行服务（包括过路费、过桥费、过闸费等）按照“不动产经营租赁服务”缴纳增值税

D.水路运输的光租服务、航空运输的干租业务，属于经营租赁

19.用于（ ）的购进货物、接受加工修理修配劳务或应税服务项目的进项税额不得从销项税额中抵扣。

A.简易计税方法计税项目 B.集体福利项目

C.免征增值税项目 D.个人消费项目

20.下列各项属于现代服务业的有（ ）。

A.研发和技术服务 B.信息技术服务

C.家政便民服务 D.广告服务

E.仓储服务 F.鉴证服务

21.城市维护建设税的计税依据中由纳税人缴纳的有（ ）。

A.增值税税额 B.资源税税额

C.所得税税额 D.消费税税额

22.实行专票电子化的新办纳税人领取税务UKey后，可以开具的发票种类包括（ ）。

A.纸质普票 B.电子普票

C.纸质专票 D.电子专票

E.纸质机动车发票 F.纸质二手车发票

23.下列各项适用9%税率的有（ ）。

A.橄榄油 B.干姜 C.天燃气 D.报纸

24.关于小规模纳税人，适用5%征收率的有（ ）。

A.销售自建或者取得的不动产 B.销售自行开发的房地产项目

C.出租其取得的不动产（不含个人） D.小规模纳税人提供劳务派遣服务

25.关于增值税一般纳税人，下列项目的进项税额不得从销项税额中抵扣的有（ ）。

A.外购货物无偿对外捐赠

B.接受贷款服务

C.与非正常损失的购进货物相关的交通运输业服务

D.与非正常损失的在产品、产成品所耗用购进货物相关的交通运输业服务

三、判断题

1.一般纳税人和小规模纳税人销售农机、农膜、化肥，适用9%的低税率。（ ）

2.征收率只适用于小规模纳税人，不适用于一般纳税人。（ ）

3.实物折扣不能从货物销售额中减除，且该实物应按《增值税暂行条例》“视同销售货物”中的“赠送他人”计算征收增值税。（ ）

4.一般纳税人将货物用于集体福利或个人消费，其增值税专用发票开具的时限为货物移送的当天。（ ）

5.销售自产货物同时提供建筑业劳务的行为，应当按照混合销售行为缴纳增值税。（ ）

6.小规模纳税人进口货物，海关使用组成计税价格和征收率计算其进口环节增值税。（ ）

7.采用销售折扣方式销售货物，应当从其销售额中扣除折扣额。（ ）

8.纳税人兼营不同税率的货物或者应税劳务，应当分别核算不同税率货物或者应税劳务的销售额；未分别核算销售额的，从高适用税率。（ ）

9.销售货物或者提供应税劳务，纳税义务发生的时间为收讫销售款项或者取得索取销售款项凭据的当天；先开具发票的，为开具发票的当天。（ ）

10.一般纳税人购买免税农产品，按照买价依9%的抵扣率计算进项税额，准予从销项税额中扣除。（ ）

11.已经抵扣了进项税额的购进货物，如果投资于其他单位，可以将进项税额在投资发生当期转出。（ ）

12.增值税一般纳税人取得2017年1月1日及以后开具的增值税专用发票、海关进口增值税专用缴款书、机动车销售统一发票、收费公路通行费增值税电子普通发票，取消认证确认、稽核比对、申报抵扣的期限，自2020年3月1日起施行。（ ）

13.纳税人进口货物，应当自海关填发海关进口增值税专用缴款书之日起15日内缴纳税款。（ ）

14.增值税纳税人销售酒类产品而收取的包装物押金，无论是否返还及会计上如何核算，均应并入当期销售额征收增值税。（ ）

15.不属于当期发生的增值税进项税额一律不得在当期抵扣。（ ）

16.一般纳税人外购货物所支付的运输费用，可按取得增值税专用发票注明的税款金额凭票抵扣。（ ）

17.增值税专用发票只适用于增值税一般纳税人领购使用，而小规模纳税人不得领购使用。（ ）

18.增值税小规模纳税人一律按照3%的征收率计算应纳税款，不得抵扣进项税额。（ ）

19.增值税一般纳税人和小规模纳税人的计税依据相同，都是不含税的销售额。（ ）

20. 自愿选择自行开具增值税专用发票的小规模纳税人，税务机关不再为其代开。（ ）

21. 混合销售是指销售多种产品或提供多种劳务的行为。（ ）

22. 销项税额=销售额×税率，由销售方自己负担。（ ）

23. 应纳增值税等于当期销项税额减去当期进项税额，因此，所有的进项税额都可以抵扣，不足部分可以结转下期继续抵扣。（ ）

24. 进口货物按照组成计税价格和规定的税率计算进口环节的增值税，不得抵扣进项税额。（ ）

25. 增值税纳税人代收代垫的运费，应视为价外费用征收增值税。（ ）

26. 商业企业采取分期付款方式购进货物的，凡是发生销售方先全额开具专用发票，购货方再按规定分期付款情况的，应在每次支付款项后申报抵扣进项税额。（ ）

27. 纳税人采取折扣方式销售货物，销售额和折扣额不在同一张发票上分别注明的，可按扣除折扣以后的销售额征收增值税。（ ）

28. 企业销售货物后，若发生销售退回或销售折让，应记入“应交税费——应交增值税（销项税额）”科目的借方。（ ）

29. 销售折扣在购买方实际付款时才能确认，现金折扣不能冲减销售额，也不能抵减销项税额，而只能计入财务费用。（ ）

30. 委托代销货物纳税义务的发生时间，为收到代销单位的代销清单或者收到全部或部分货款的当天；未收到代销清单或者货款的，为发出代销货物满180天的当天。（ ）

31. 会展企业从事会议展览服务时，收取的冠名费属于会议展览服务。（ ）

32. 律师事务所业务属于部分现代服务业中的鉴证咨询服务。（ ）

33. 生产、生活性服务业纳税人，是指提供邮政服务、电信服务、现代服务、生活服务取得的销售额占全部销售额的比重超过50%的纳税人。（ ）

34. 在境内提供应税服务，是指应税服务提供方或者接受方在境内。（ ）

35. 单位或个体工商户为员工提供交通运输业和部分现代服务业服务应缴纳增值税。（ ）

36. 纳税人发生视同提供应税服务的，其纳税义务发生时间为应税服务完成的当天。（ ）

37. 一般纳税人销售自行开发的房地产老项目，可以选择适用简易计税方法按照5%的征收率计税。一经选择简易计税方法计税，36个月内不得变更为一般计税方法计税。（ ）

38. 一般纳税人采取预收款方式销售自行开发的房地产项目，应在收到预收款时按照3%的预征率预缴增值税。（ ）

39. 一般纳税人向其他个人销售自行开发的房地产项目，不得开具增值税专用发票。（ ）

40. 自愿选择自行开具增值税专用发票的小规模纳税人，销售其取得的不动产，需要开具增值税专用发票的，税务机关不再为其代开。（ ）

41. 一般纳税人转让其2016年4月30日前自建的不动产，可以选择适用简易计税方法计税，以取得的全部价款和价外费用为销售额，按照5%的征收率计算应纳税额。
（　　）

42. 自2019年10月1日至2021年12月31日，允许生产、生活性服务业纳税人按照当期可抵扣进项税额加计15%，抵减应纳税额。（　　）

43. 融资性售后回租，按照现代服务业中的租赁服务征税，税率为13%。（　　）

44. 房地产开发企业采取预收款方式销售所开发的房地产项目，在收到预收款时按照3%的预征率预缴增值税。（　　）

45. 一般纳税人购进的旅客运输服务、贷款服务、餐饮服务、居民日常服务和娱乐服务，其进项税额不允许抵扣。（　　）

四、简答题

1. 什么是增值税？我国的增值税具有哪些特点？
2. 增值税纳税人分为一般纳税人和小规模纳税人，其划分的标准是什么？
3. 一般纳税人与小规模纳税人的增值税税率有什么不同？
4. 销售货物并且已经开具了增值税专用发票，购货方要求退货，应如何处理？
5. 增值税出口货物适用零税率，如何理解？
6. 什么是增值税进项税额？哪些进项税额允许从销项税额中抵扣？哪些进项税额不允许抵扣？
7. 销售货物和进口货物都需要缴纳增值税，为什么？二者的计税依据有什么不同？
8. 试简述我国增值税的征收范围。
9. 什么是混合销售与兼营？二者如何进行税务处理？
10. 增值税的扣税凭证主要有哪些？
11. 对于生产、生活性服务业，其进项税额如何抵扣？
12. 不动产租赁服务应该缴纳增值税。一般纳税人出租不动产时，采用一般计税办法与简易计税办法有什么不同？
13. 房地产开发企业销售自行开发的不动产，如何计算和缴纳增值税？
14. 建筑公司异地提供建筑服务，如何计算和缴纳增值税？
15. 融资租赁业务与售后回租业务在纳税上有什么不同？
16. 通行费电子发票如何申报抵扣进项税额？
17. 实行专票电子化的新办纳税人领取税务UKey后，可以开具哪些种类的发票？
18. 纳税人开具电子专票后，发生销货退回、销售折让等情形，如何开具红字电子专票？
19. 增值税一般纳税人取得2017年1月1日及以后开具的增值税专用发票、海关进口增值税专用缴款书、机动车销售统一发票、收费公路通行费增值税电子普通发票，如何申报税款？
20. 丢失增值税专用发票或机动车销售统一发票如何处理？

五、实务题

1.甲计算机生产企业是增值税一般纳税人，2021年6月有关经营业务如下：

（1）从乙企业处购进生产用原材料和零部件，取得的增值税专用发票上注明货款1 800 000元、增值税税额234 000元，货物已经验收入库，货款和税款未付。

（2）向乙企业销售大型电子显示屏，开具了普通发票，含税销售额为90 400元，调试费收入为22 600元。制作过程中委托丙公司进行专项加工，支付加工费20 000元，增值税税额为2 600元，取得丙公司开具的增值税专用发票。

（3）进口原材料一批，关税完税价格为50 000元，关税税率为10%，取得海关进口增值税专用缴款书。

（4）赠送给某希望小学自制电脑10台，计税价格为每台4 500元。

（5）委托某电脑城代销一批电脑，取得代销清单，注明价税合计45 200元，按合同规定支付了5%的代销手续费。

（6）开发一种新型号笔记本电脑，试生产2台，交由办公室使用，每台生产成本为7 000元。

（7）销售电脑600台给某电脑销售公司，开出增值税专用发票，注明货款2 700 000元、增值税税额351 000元。

上述发票均已通过增值税发票综合服务平台进行用途确认。

要求：计算甲企业应缴纳的增值税税额，并做出相关会计处理。

2.乙企业为商品流通企业，是增值税一般纳税人，2021年8月有关经营业务如下：

（1）从农民手中购进免税农产品，收购凭证上注明支付购货款300 000元，支付铁路运输费，取得增值税专用发票，注明运费30 000元、税额2 700元。入库后将收购的农产品的40%作为职工福利费，60%零售给消费者，取得含税收入350 300元。

（2）销售空调，同时负责安装，取得收入33 900 000元。

（3）采取以旧换新方式销售洗衣机200台，每台零售价为2 260元，顾客旧洗衣机折价260元，按每台2 000元出售，不再支付旧洗衣机收购款。

（4）销售笔记本电脑10台，每台零售价为11 300元，货款已收到。

（5）采取预收款方式销售电视机2台，每台售价为22 600元，承诺下月交货。

（6）上月购买的2台笔记本电脑因保管不善被盗，不含税进价为5 000元。

上述发票均已通过增值税发票综合服务平台进行用途确认。

要求：计算该企业当月应缴纳的增值税，并做出相关会计处理。

3.某商场为增值税一般纳税人，从事百货的批发和零售业务，2021年9—11月经营业务如下：

（1）9月，购进一批货物，增值税专用发票注明的货款为200 000元，增值税为26 000元；向小规模纳税人销售货物，含税销售额为33 900元；柜台零售货物金额为22 600元。

（2）10月，购进一批货物，增值税专用发票注明的货款为300 000元，增值税为39 000元；向一般纳税人销售一批货物，销售额为1 000 000元。

（3）国庆节，将价值40 000元的库存商品发给职工。

（4）11月，购进一批货物，取得的增值税专用发票注明的货款为100 000元，增值税为13 000元；向一般纳税人销售一批货物，销售额为800 000元；柜台零售货物金额为56 500元。

要求：计算该商场9月、10月和11月的应纳增值税税额，并作出相关会计处理。

4.某运输企业为增值税一般纳税人，2021年6月取得交通运输收入2 180 000元（含税）；当月外购汽油300 000元，购入运输车辆400 000元（不含税金额，取得增值税专用发票）；发生联运支出800 000元（不含税金额，取得增值税专用发票）。发票均已认证并申报抵扣。

要求：计算该企业2021年6月应缴纳的增值税，并做出相关会计处理。

5.甲企业为增值税一般纳税人，从事公路运输和代理报关业务，2021年6月发生如下业务：

（1）取得代理报关收入1 060 000元，开具增值税专用发票，金额为1 000 000元，税额为60 000元，款项已存入银行。

（2）取得运输收入1 090 000元，开具增值税专用发票，金额为1 000 000元，税额为90 000元，款项已存入银行。

（3）购买运输车辆，取得机动车统一销售发票一张，注明不含税销售额200 000元、增值税税额26 000元，款项已用银行存款支付，发票已通过税务机关认证。

（4）支付汽油费113 000元，取得增值税专用发票，发票注明不含税销售额100 000元、增值税税额13 000元，专用发票已通过税务机关认证。

要求：计算甲企业2021年6月应缴纳的增值税税额，并做出相关会计处理。

6.某商业企业属于小规模纳税人，2021年12月发生如下业务：

（1）购进食品一批，取得增值税普通发票，价款为2 260元。当月销售，开具普通发票，含税销售额为3 296元。

（2）购进服装，共付款1 000元，当月销售给消费者，销售款为3 090元。

（3）销售给一般纳税人货物一批，不含税销售额为12 300元，由税务所代开了增值税专用发票。

要求：计算该企业12月的应纳增值税税额，并做出相关会计处理。

7.某进出口公司（增值税一般纳税人）2021年11月报关进口数码相机200台，每台关税完税价格为4 000元，进口关税税率为60%，取得海关进口增值税专用缴款书。进口数码相机当月全部销售，每台售价为10 000元（不含税）。

要求：计算该公司进口环节和销售环节应缴纳的增值税税额，并做出相关会计处理。

8.2021年7月，某建筑企业（增值税一般纳税人）提供建筑服务收入1 000 000元，按照适用税率开具增值税专用发票，款项已收。购买建筑模板支出500 000元，取得增值税专用发票，注明的增值税税额为65 000万元，款项已付。

要求：计算该企业7月应缴纳的增值税税额，并做出相关会计处理。

9.某制药企业为增值税一般纳税人，2021年8月发生如下经济业务：

（1）购进设备一台，取得增值税专用发票，注明不含税价款560 000元、增值税72 800元；支付运费，取得增值税专用发票，注明不含税价款2 000元、增值税180元。

（2）从农贸市场购进中草药一批，取得普通发票，金额为2 000元。

（3）外购包装箱一批，取得增值税专用发票，注明不含税价款8 000元、增值税1 040元；取得市内运输企业（小规模纳税人）委托当地税务机关代开的增值税专用发票，注明价款300元、增值税9元。

（4）本月销售各类抗生素针剂取得含税收入1 130 000元，出租药品检测仪器取得不含税租金收入4 000元。

要求：计算该企业应缴纳的增值税。

10.某货运有限公司（增值税一般纳税人）2021年8月发生如下业务：

（1）购入新载货车，取得的机动车销售统一发票上注明税额3.9万元。

（2）购买成品油，取得的增值税专用发票上注明税额5.2万元。

（3）购买材料、低值易耗品，支付动力费用，取得的增值税专用发票上注明税额7.8万元。

（4）修理载货车，取得的增值税专用发票上注明进项税额2.6万元。

（5）取得货运业务收入（含税）218万元。

（6）取得装卸搬运服务收入（含税）12.72万元。

（7）取得经营性出租载货车（不配司机）收入（含税）67.8万元。

要求：计算该公司2021年8月的应缴纳的增值税。

11.某租赁公司为增值税一般纳税人，2021年8月出租一批汽车，取得租金收入（含税）203.4万元；以融资租赁方式出租设备，取得租金收入（含税）113万元；出租办公楼取得租金收入（含税）109万元。

要求：计算该公司2021年8月的增值税销项税额。

12.某酒店为增值税一般纳税人，2021年8月取得销售收入（含税）212万元，同期采购材料、粮食、食用油等支出10万元，取得的增值税专用发票上注明的进项税额为1万元。

要求：计算该酒店8月应缴纳的增值税。

13.2020年5月1日，某纳税人购进一座楼办公用，金额为1 000万元，进项税额为90万元。在2021年4月，该纳税人将办公楼改造成员工食堂，用于集体福利。假设2021年4月该不动产的净值为800万元，不动产净值率为80%。

要求：请简要说明该纳税人2021年5月应如何进行纳税处理。

14.北京市甲区某纳税人（非自然人）于2021年6月30日转让其2014年购买的写字楼一层，取得转让收入1 000万元（含税）。该写字楼位于北京市乙区。该纳税人2014年购买时的价格为700万元（含税），取得了合法有效的发票。假设该纳税人其他业务6月的应纳增值税为70万元。

要求：该纳税人为增值税一般纳税人，对该笔业务选择简易计税方法，计算该纳税人在不动产所在地税务机关预缴的税款，并说明如何在机构所在地申报纳税。

15.某纳税人（非自然人）于2021年6月30日转让其2017年购买的写字楼一层，取得转让收入1 000万元（不含税）。纳税人2017年购买该写字楼，专用发票上注明的价格为600万元。假设该纳税人为增值税一般纳税人，并对转让该房产选择了一般计税方法。

要求：计算该纳税人在不动产所在地税务机关预缴税款后，回到机构所在地应缴纳的税额。

16. 张三户口所在地为北京，在深圳工作，长期在深圳居住。张三在海南买了一套海景房，价值80万元。2021年，张三将海南的房产以100万元卖出。假设张三销售该海景房可以享受差额征税政策。

要求：回答下列问题。

（1）张三应如何计算应纳税额？

（2）张三应向哪里的税务机关缴纳税款？

（3）是否需要回户口所在地或者长期居住地申报纳税？

17. 甲公司为建筑业增值税一般纳税人，适用的增值税税率为9%，购买原材料时，有以下几种方案可供选择：一是从一般纳税人乙公司处购买，含税价格为12 000元，乙公司适用的增值税税率为13%；二是从小规模纳税人丙公司处购买，可取得由税务机关代开的征收率为3%的专用发票，含税价格为11 000元；三是从小规模纳税人丁公司购买，只能取得普通发票，含税价格为10 000元。假设甲公司购进原材料作为施工材料，当期甲公司的营业额为20 000元（不含税）。

要求：计算三种方案下甲公司的销项税额、应纳税额。

18. 甲钢结构生产企业销售钢结构的同时为客户进行安装，假设总价为10 000万元（不含税），钢结构价值8 000万元，安装费为2 000万元，成本为6 000万元，进项税额为1 020万元。

要求：

（1）如果企业签订的是购销合同，计算应纳税额；

（2）如果企业与客户签订销售合同，金额为8 000万元（不含税），与总包方签订安装合同，金额为2 000万元，计算应纳税额。

19. 某风电设备生产企业，年不含税销售额为25 000万元，其中收取的运费为1 000万元，成本为17 500万元，进项税额为2 975万元。

要求：回答下列问题。

（1）如果企业与客户签订购销合同，则应纳税额为多少？

（2）如果企业将自有车辆整合，设立独立核算的运输公司负责产品运输，则应纳税额为多少？

20. 某企业员工因出差取得一张545元的火车票。

要求：计算该项业务可以抵扣的进项税额。

21. 某电信公司是一般纳税人，满足加计抵减政策条件，2021年4月购入服务不含税金额为50 000元，税金为4 500元，加计抵减450元；本期销售服务不含税金额为100 000元，税额为6 000元。

要求：计算其应缴纳的增值税。

22.2020年10月5日，某纳税人购进办公楼一座，取得的专用发票注明的金额为2 000万元，税额为180万元，共计支付2 180万元。该大楼专用于技术开发，取得的收入均为免税收入，计入固定资产，假定分10年计提折旧，无残值。2021年10月，纳税人将该大楼改变用途，用于允许抵扣项目。

要求：计算该纳税人2021年11月允许抵扣的进项税额。

23.2020年5月1日，某纳税人购进一座办公楼，金额为2 000万元，进项税额为180万元。2021年4月，该纳税人将办公楼改造成员工食堂，用于集体福利。假设2021年4月该不动产的净值为1 600万元，不动产净值率为80%。

要求：对该纳税人2021年5月的经济业务进行纳税处理。

24.北京吉祥房地产开发企业为一般纳税人，于2019年8月预售2019年5月开工、尚未开发完毕的房地产项目，收入1 090万元，销售完工房地产项目的收入为2 180万元。本月有留抵进项税额160万元。销售时采用一般计税方法，税率为9%，预征率为3%。

要求：

（1）计算预售房地产项目应预缴的增值税；

（2）计算8月销售完工的房地产项目应缴纳的增值税；

（3）计算预售房开发完毕，可申报的销项税额。

25.石家庄某建筑企业为一般纳税人，2020年6月分别在B省和C省提供建筑服务（非简易计税项目），当月分别取得建筑服务收入（含税）1 690万元和2 880万元，分别支付分包款600万元（增值税专用发票注明增值税税额为54万元）和700万元（增值税专用发票注明增值税税额为63万元），支付不动产租赁费用100万元（增值税专用发票注明增值税税额为9万元），购入建筑材料1 130万元（增值税专用发票注明增值税税额为130万元），假设无其他业务发生。

要求：计算该建筑企业6月在B、C两省的预缴税款及在主管税务机关汇总应缴纳的增值税款。

六、账务处理题

1.某建筑公司（一般纳税人）于2021年6月购进一台施工设备并投入使用，取得的增值税专用发票上注明的价款、税款分别为80 000元、10 400元。设备款已转账付讫。该台施工设备提供的所有建筑服务，均按规定选择适用简易计税方法计算缴纳增值税。上述增值税专用发票已通过增值税发票综合服务平台进行用途确认。

要求：根据上述资料进行账务处理。

2.某公司（一般纳税人）将一套生产经营用的器具交付本企业福利部门使用。该套器具原值为60 000元（不含增值税），进项税额7 800元已在购进月份通过增值税发票综合服务平台进行用途确认。公司确定的该套器具折旧年限为5年，现已使用1年，累计折旧为12 000元。

要求：根据上述资料进行账务处理。

3.某公司（一般纳税人）于2020年12月购进房屋（经营用房）并取得增值税专用

发票，发票上注明的价款、税款分别为2 000万元、180万元。该公司取得的增值税专用发票已于取得当月通过增值税发票综合服务平台进行用途确认。

要求：根据上述资料进行账务处理。

4.某公司（一般纳税人）于2020年12月购进生产用原材料并取得增值税专用发票，上述增值税专用发票已通过增值税发票综合服务平台进行用途确认。2021年1月，公司将其中的一部分转用于新建不动产，转用材料的实际成本为200万元，增值税税率为13%。

要求：根据上述资料进行账务处理。

5.某企业（一般纳税人）将自制冰柜用于职工食堂。该台冰柜实际成本为4 000元，售价为6 000元（不含增值税），增值税税率为13%。

要求：根据上述资料进行账务处理。

6.某企业（一般纳税人）将一批自制保健品发放给单位职工。该批保健品售价金额（不含增值税）为50 000元，实际成本为40 000元，增值税税率为13%。

要求：根据上述资料进行账务处理。

7.某企业（一般纳税人）将一批自制产品通过民政部门捐赠给遭受水灾的地区，取得合法的公益性捐赠票据。该批商品实际成本为150万元，售价为200万元（不含增值税），适用的增值税税率为13%。

要求：根据上述资料进行账务处理。

8.甲公司（一般纳税人）于2021年1月将已抵扣进项税额的一套设备出租给乙公司使用。租赁合同约定：租赁期限为3年，每年租金为282 500元（含增值税），每年1月收取当年度租金。

要求：根据上述资料进行账务处理。

9.假如甲公司（一般纳税人）于2021年1月将以前购进的不得抵扣且未抵扣进项税额的一套设备出租给乙公司使用。租赁合同约定：租赁期限为3年，每年租金为123 600元（含增值税），每年1月收取当年度租金，选择简易计税方法计算缴纳增值税。

要求：根据上述资料进行账务处理。

10.甲公司（一般纳税人）于2021年1月将2016年4月30日前取得的坐落于外县市的房屋出租给乙公司使用。租赁合同约定：租赁期限为3年，每年租金为1 260 000元（含增值税），每年1月收取当年度租金。甲公司已向主管税务机关备案，选择简易计税方法计算缴纳增值税。

要求：根据上述资料进行账务处理。

11.甲公司（一般纳税人）于2020年1月将2019年5月1日后取得的坐落于外县市的房屋出租给乙公司使用。租赁合同约定：租赁期限为3年，每年租金为1 308 000元（含增值税），每年1月收取当年度租金。

要求：根据上述资料进行账务处理。

12.甲公司（一般纳税人）自10月开始有金融商品买卖业务。10月，卖出价减去买入价后的差额为106 000元；11月，卖出价减去买入价后的差额为-212 000元；12月，卖出价减去买入价后的差额为159 000元。

要求：根据上述资料进行账务处理。

13.某电信公司是一般纳税人，满足加计抵减政策条件，2021年6月购入服务的不含税金额为10 000元，税金为900元，加计抵减90元；本期销售服务不含税金额为20 000元，税额为1 200元。

要求：根据上述资料进行账务处理。

14.甲公司是一般纳税人，2021年4月管理人员在出差过程中取得航空客票行程单，行程单上注明票价5 000元、燃油附加费0元、机场建设费200元，合计金额5 200元。

要求：根据上述资料进行账务处理。

15.2021年元旦某商场采取促销方式销售彩电：买彩电一台，赠送机顶盒一个。该商场为增值税一般纳税人。彩电销售价格为2 000元（含税），彩电和商家送的机顶盒开在同一张发票上。彩电、机顶盒不含税成本价分别1 600元、200元，彩电、机顶盒市场价（含税）分别为1 900元、300元。

要求：根据上述资料进行账务处理。

16.甲市某公司为增值税一般纳税人，2020年12月销售位于乙市的写字楼，并于当月办妥了相关产权转移手续。该写字楼于2016年12月购置并投入使用，根据有关原始凭证确认投入使用前发生的成本为565万元，销售写字楼取得含税收入1 090万元。在销售过程中共发生其他税费100万元，已用银行存款缴纳。投入使用时，该公司预计该写字楼可使用50年，按平均年限法计提折旧，无残值。计算增值税时该公司选择了简易计税方法。

要求：根据上述资料进行账务处理。

17.北京吉祥房地产开发企业为一般纳税人，于2020年8月预售2020年5月开工、尚未开发完毕的房地产项目，收入1 090万元，销售完工房地产项目收入2 180万元。本月有留抵进项税额160万元。销售时采用一般计税方法，税率为9%，预征率为3%。

要求：

（1）收到预售房款时，计算应预缴增值税，并进行账务处理；

（2）计算8月销售完工的房地产项目应缴纳的增值税，并进行账务处理；

（3）计算预售房开发完毕可申报的销项税额，并进行账务处理。

18.某市光明日化厂2021年8月实际缴纳增值税100 000元、消费税50 000元。

要求：计算该厂2021年8月应缴纳的城市维护建设税，并进行账务处理。

七、综合实训题

实训一　一般纳税人增值税纳税申报表的填报

【实训资料】

企业名称：唐山宏达股份有限公司

企业性质：有限责任公司

企业地址及电话：唐山市北新西道120号　0315-2256286

企业所属行业：制造业

开户银行及账号：工行车站路分理处　2688626××××××××××××

纳税人识别号（统一社会信用代码）：130203000020000008

唐山宏达股份有限公司是增值税一般纳税人，适用税率为13%，按月缴纳增值税；该公司执行《企业会计准则》，期初留抵增值税进项税额为3 800元，存货采用实际成本计价。2021年6月发生下列经济业务：

（1）3日，购入A材料50 000千克，每千克单价10元，取得增值税专用发票，进项税额为65 000元；另取得增值税专用发票，注明运费2 000元、税额180元。材料已入库，货款和运费已用银行存款支付。

（2）5日，向农民生产者收购用于生产加工的农产品一批，已验收入库，经税务机关批准的收购凭证上注明价款100 000元，货款已用现金支付。

（3）6日，购买机器设备一台，取得增值税专用发票，价款为100 000元，增值税税额为13 000元；购入小轿车一辆，取得增值税专用发票，价款为120 000元，增值税税额为15 600元。

（4）6日，支付市供水公司水费，取得增值税专用发票，注明水费6 000元、增值税税额360元。

（5）6日，委托外单位加工零部件，取得增值税专用发票，注明加工费2 000元、增值税税额260元。

（6）9日，从小规模纳税人手中购入B材料，取得普通发票，注明价款65 000元。

（7）11日，向乙公司销售M产品100台，单价为10 000元，商业折扣为10%，增值税税率为13%，销售额和折扣额开在一张发票上，款项已收存银行。

（8）12日，向小规模纳税人售出W产品，开出16 950元的普通发票，收到支票存入银行。

（9）13日，向乙公司销售M产品20台，开出增值税专用发票，注明价款200 000元、增值税税额为26 000元，产品已发出并办妥托收手续。

（10）19日，将1台W产品转为公司工程建设用，实际成本共计600元，税务机关认定的计税价格为800元。

（11）20日，将价值1 000元的上月外购的A材料移送本企业供修缮产品仓库工程使用。

（12）21日，将5台V产品无偿捐赠给新化县希望工程，开具增值税专用发票，成本为20 000元。

（13）26日，将100台Z产品发给职工作为福利，成本为20 000元，税务机关认定的计税价格为30 000元。

（14）28日，上月销售的2台M产品发生销货退回，价款为20 000元，应退增值税2 600元，企业开出红字增值税专用发票，并以银行存款支付退货款项。

（15）月末盘存发现上月购进的300千克A材料被盗，金额为3 000元，上月已认证并申报抵扣。

上述发票均已认证并申报抵扣。

【实训要求】

（1）计算该企业6月应纳的增值税税额；

（2）根据涉税资料作出相关会计处理；

（3）编制增值税纳税申报表主表及其附表（见表2-1至表2-4）。

表2-1　增值税纳税申报表

（一般纳税人适用）

根据国家税收法律法规及增值税相关规定制定本表。纳税人无论有无销售额，均应按税务机关核定的纳税期限填写本表，并向当地税务机关申报。

税款所属时间：自　年　月　日至　年　月　日　　填表日期：　年　月　日　　金额单位：元至角分

纳税人识别号：□□□□□□□□□□□□□□□□□□□□□□□□□□　　所属行业：

纳税人名称	唐山宏达股份有限公司（公章）	法定代表人姓名		注册地址		生产经营地址	
开户银行及账号		登记注册类型				电话号码	

项目		栏次	一般项目		即征即退项目	
			本月数	本年累计	本月数	本年累计
销售额	（一）按适用税率计税销售额	1				
	其中：应税货物销售额	2				
	应税劳务销售额	3				
	纳税检查调整的销售额	4				
	（二）按简易办法计税销售额	5				
	其中：纳税检查调整的销售额	6				
	（三）免、抵、退办法出口销售额	7			—	—
	（四）免税销售额	8			—	—
	其中：免税货物销售额	9			—	—
	免税劳务销售额	10			—	—
税款计算	销项税额	11				
	进项税额	12				
	上期留抵税额	13				—
	进项税额转出	14				
	免、抵、退应退税额	15			—	—
	按适用税率计算的纳税检查应补缴税额	16			—	—
	应抵扣税额合计	17=12+13-14-15+16		—		—

续表

项目		栏次	一般项目		即征即退项目	
			本月数	本年累计	本月数	本年累计
税款计算	实际抵扣税额	18（如 17<11，则为17，否则为11）				
	应纳税额	19=11-18				
	期末留抵税额	20=17-18				—
	简易计税办法计算的应纳税额	21				
	按简易计税办法计算的纳税检查应补缴税额	22			—	—
	应纳税额减征额	23				
	应纳税额合计	24=19+21-23				
税款缴纳	期初未缴税额（多缴为负数）	25				
	实收出口开具专用缴款书退税额	26			—	—
	本期已缴税额	27=28+29+30+31				
	①分次预缴税额	28		—		—
	②出口开具专用缴款书预缴税额	29		—	—	—
	③本期缴纳上期应纳税额	30				
	④本期缴纳欠缴税额	31				
	期末未缴税额（多缴为负数）	32=24+25+26-27				
	其中：欠缴税额（≥0）	33=25+26-27		—		—
	本期应补（退）税额	34 = 24-28-29		—		—
	即征即退实际退税额	35	—	—		
	期初未缴查补税额	36			—	—
	本期入库查补税额	37			—	—
	期末未缴查补税额	38=16+22+36-37			—	—
授权声明	如果你已委托代理人申报，请填写下列资料： 为代理一切税务事宜，现授权 （地址）　　　　为本纳税人的代理申报人，任何与本申报表有关的往来文件，都可寄与此人。 授权人签字：		申报人声明	本纳税申报表是根据国家税收法律法规及相关规定填报的，我确定它是真实的、可靠的、完整的。 声明人签字：		

主管税务机关：　　　　接收人：　　　　接收日期：

表 2-2

增值税纳税申报表附列资料（一）

（本期销售情况明细）

税款所属时间：　年　月　日至　年　月　日

纳税人名称：（公章）　　　　金额单位：元至角分

项目及栏次				开具增值税专用发票		开具其他发票		未开具发票		纳税检查调整		合计			服务、不动产和无形资产扣除项目本期实际扣除金额	扣除后	
				销售额	销项（应纳）税额	销售额	销项（应纳）税额	销售额	销项（应纳）税额	销售额	销项（应纳）税额	销售额	销项（应纳）税额	价税合计		含税（免税）销售额	销项（应纳）税额
				1	2	3	4	5	6	7	8	9=1+3+5+7	10=2+4+6+8	11=9+10	12	13=11-12	14=13÷（100%+税率或征收率）×税率或征收率
一、一般计税方法计税	全部征税项目	13%税率的货物及加工修理修配劳务	1											–	–	–	–
		13%税率的服务、不动产和无形资产	2														
		9%税率的货物及加工修理修配劳务	3											–	–	–	–
		9%税率的服务、不动产和无形资产	4														
		6%税率	5														
	其中：即征即退项目	即征即退货物及加工修理修配劳务	6	–	–	–	–	–	–	–	–			–	–	–	–
		即征即退服务、不动产和无形资产	7	–	–	–	–	–	–	–	–						
二、简易计税方法计税	全部征税项目	6%征收率	8							–	–			–	–	–	–
		5%征收率的货物及加工修理修配劳务	9a							–	–			–	–	–	–
		5%征收率的服务、不动产和无形资产	9b							–	–						
		4%征收率	10							–	–			–	–	–	–
		3%征收率的货物及加工修理修配劳务	11							–	–			–	–	–	
		3%征收率的服务、不动产和无形资产	12							–	–						
		预征率　%	13a							–	–						
		预征率　%	13b							–	–						
		预征率　%	13c							–	–						
	其中：即征即退项目	即征即退货物及加工修理修配劳务	14	–	–	–	–	–	–	–	–			–	–	–	–
		即征即退服务、不动产和无形资产	15	–	–	–	–	–	–	–	–						
三、免抵退税	货物及加工修理修配劳务		16		–		–		–	–	–		–	–	–	–	–
	服务、不动产和无形资产		17	–	–		–		–	–	–		–				–
四、免税	货物及加工修理修配劳务		18				–		–	–	–		–	–	–	–	–
	服务、不动产和无形资产		19	–	–		–		–	–	–		–				–

表 2-3　　增值税纳税申报表附列资料（二）

（本期进项税额明细）

税款所属时间：　年　月　日至　年　月　日

纳税人名称：（公章）　　　　金额单位：元至角分

一、申报抵扣的进项税额				
项目	栏次	份数	金额	税额
（一）认证相符的增值税专用发票	1=2+3			
其中：本期认证相符且本期申报抵扣	2			
前期认证相符且本期申报抵扣	3			
（二）其他扣税凭证	4=5+6+7+8a+8b			
其中：海关进口增值税专用缴款书	5			
农产品收购发票或者销售发票	6			
代扣代缴税收缴款凭证	7		—	
加计扣除农产品进项税额	8a	—	—	
其他	8b			
（三）本期用于购建不动产的扣税凭证	9			
（四）本期用于抵扣的旅客运输服务扣税凭证	10			
（五）外贸企业进项税额抵扣证明	11	—	—	
当期申报抵扣进项税额合计	12=1+4+11			

二、进项税额转出额		
项目	栏次	税额
本期进项税额转出额	13=14 至 23 之和	
其中：免税项目用	14	
集体福利、个人消费	15	
非正常损失	16	
简易计税方法征税项目用	17	
免抵退税办法不得抵扣的进项税额	18	
纳税检查调减进项税额	19	
红字专用发票信息表注明的进项税额	20	
上期留抵税额抵减欠税	21	
上期留抵税额退税	22	
其他应作进项税额转出的情形	23	

续表

三、待抵扣进项税额				
项目	栏次	份数	金额	税额
（一）认证相符的增值税专用发票	24	—	—	—
期初已认证相符但未申报抵扣	25			
本期认证相符且本期未申报抵扣	26			
期末已认证相符但未申报抵扣	27			
其中：按照税法规定不允许抵扣	28			
（二）其他扣税凭证	29=30至33之和			
其中：海关进口增值税专用缴款书	30			
农产品收购发票或者销售发票	31			
代扣代缴税收缴款凭证	32		—	
其他	33			
	34			
四、其他				
项目	栏次	份数	金额	税额
本期认证相符的增值税专用发票	35			
代扣代缴税额	36	—	—	

表 2-4　　增值税纳税申报表附列资料（三）

（服务、不动产和无形资产扣除项目明细）

税款所属时间：　年　月　日至　年　月　日

纳税人名称：（公章）　　　　　　　　　　　　　　　　金额单位：元至角分

项目及栏次		本期服务、不动产和无形资产价税合计额（免税销售额）	服务、不动产和无形资产扣除项目				
			期初余额	本期发生额	本期应扣除金额	本期实际扣除金额	期末余额
		1	2	3	4=2+3	5（5≤1且5≤4）	6=4−5
13%税率的项目	1						
9%税率的项目	2						
6%税率的项目（不含金融商品转让）	3						
6%税率的金融商品转让项目	4						
5%征收率的项目	5						
3%征收率的项目	6						
免抵退税的项目	7						
免税的项目	8						

实训二　一般纳税人不允许抵扣的不动产发生用途变化，用于允许抵扣项目的填列

【实训资料】

2020年6月5日，某市A公司购进办公楼一座，金额为1 000万元，取得增值税专用发票1张，并已通过认证。该大楼专用于免税项目，计入固定资产，并于次月开始计提折旧，假定分10年计提，无残值。2021年6月，纳税人将该大楼改变用途，用于允许抵扣项目。

【实训要求】

编制2021年7月（税款所属期）的“增值税纳税申报表附列资料（二）（本期进项税额明细）”，见表2-5。

表2-5　增值税纳税申报表附列资料（二）

（本期进项税额明细）

税款所属时间：　年　月　日至　年月　日

纳税人名称：（公章）　　金额单位：元至角分

一、申报抵扣的进项税额				
项目	栏次	份数	金额	税额
（一）认证相符的增值税专用发票	1=2+3			
其中：本期认证相符且本期申报抵扣	2			
前期认证相符且本期申报抵扣	3			
（二）其他扣税凭证	4=5+6+7+8a+8b			
其中：海关进口增值税专用缴款书	5			
农产品收购发票或者销售发票	6			
代扣代缴税收缴款凭证	7		—	
加计扣除农产品进项税额	8a	—	—	
其他	8b			
（三）本期用于购建不动产的扣税凭证	9			
（四）本期用于抵扣的旅客运输服务扣税凭证	10			
（五）外贸企业进项税额抵扣证明	11	—	—	
当期申报抵扣进项税额合计	12=1+4+11			

二、进项税额转出额		
项目	栏次	税额
本期进项税额转出额	13=14至23之和	
其中：免税项目用	14	
集体福利、个人消费	15	

续表

项目	栏次	份数	金额	税额
非正常损失	16			
简易计税方法征税项目用	17			
免抵退税办法不得抵扣的进项税额	18			
纳税检查调减进项税额	19			
红字专用发票信息表注明的进项税额	20			
上期留抵税额抵减欠税	21			
上期留抵税额退税	22			
其他应作进项税额转出的情形	23			
三、待抵扣进项税额				
项目	栏次	份数	金额	税额
（一）认证相符的增值税专用发票	24	—	—	—
期初已认证相符但未申报抵扣	25			
本期认证相符且本期未申报抵扣	26			
期末已认证相符但未申报抵扣	27			
其中：按照税法规定不允许抵扣	28			
（二）其他扣税凭证	29=30至33之和			
其中：海关进口增值税专用缴款书	30			
农产品收购发票或者销售发票	31			
代扣代缴税收缴款凭证	32		—	
其他	33			
	34			
四、其他				
项目	栏次	份数	金额	税额
本期认证相符的增值税专用发票	35			
代扣代缴税额	36	—	—	

实训三　一般纳税人发生服务、不动产和无形资产扣除项目的填列

【实训资料】

某市A纳税人为增值税一般纳税人，2020年12月2日，买入金融商品B，买入价为210万元。12月25日，将金融商品B卖出，卖出价为200万元。A纳税人2020年仅发生了这一笔金融商品转让业务。2021年1月10日，该纳税人买入金融商品C，买入价为100万元。1月28日，将金融商品C卖出，卖出价为110万元。A纳税人在2021年1月仅发生了这一笔金融商品转让业务。

【实训要求】

（1）编制A纳税人2020年12月（税款所属期）的“增值税纳税申报表附列资料（三）（服务、不动产和无形资产扣除项目明细）”，见表2-6。

表2-6　增值税纳税申报表附列资料（三）

（服务、不动产和无形资产扣除项目明细）

税款所属时间：　　年　月　日至　　年　月　日

纳税人名称：（公章）　　　　金额单位：元至角分

项目及栏次		本期服务、不动产和无形资产价税合计额（免税销售额）	服务、不动产和无形资产扣除项目				
			期初余额	本期发生额	本期应扣除金额	本期实际扣除金额	期末余额
		1	2	3	4=2+3	5（5≤1且5≤4）	6=4-5
13%税率的项目	1						
9%税率的项目	2						
6%税率的项目（不含金融商品转让）	3						
6%税率的金融商品转让项目	4						
5%征收率的项目	5						
3%征收率的项目	6						
免抵退税的项目	7						
免税的项目	8						

（2）编制A纳税人2021年1月（税款所属期）的“增值税纳税申报表附列资料（三）（服务、不动产和无形资产扣除项目明细）”，见表2-7。

表2-7　　　　　　　　**增值税纳税申报表附列资料（三）**

（服务、不动产和无形资产扣除项目明细）

税款所属时间：　　年 月　日至　　年 月　日

纳税人名称：（公章）　　　　　　　　　　　　　　　　　　金额单位：元至角分

项目及栏次		本期服务、不动产和无形资产价税合计额（免税销售额）	服务、不动产和无形资产扣除项目				
			期初余额	本期发生额	本期应扣除金额	本期实际扣除金额	期末余额
		1	2	3	4=2+3	5（5≤1且5≤4）	6=4-5
13%税率的项目	1						
9%税率的项目	2						
6%税率的项目（不含金融商品转让）	3						
6%税率的金融商品转让项目	4						
5%征收率的项目	5						
3%征收率的项目	6						
免抵退税的项目	7						
免税的项目	8						

实训四　小规模纳税人增值税纳税申报表的填报

【实训资料】

企业名称：唐山方正有限责任公司

企业地址及电话：唐山市新华西道120号　0315-2251348

企业所属行业：商业企业

开户银行及账号：工行车站路分理处　2237383××××××××××××

纳税人识别号（统一社会信用代码）：130203000020000008

唐山方正有限责任公司为增值税小规模纳税人，2021年6月发生以下销售业务：

（1）销售一批产品给某商场，销售收入为41 200元。

（2）销售一批产品给个人消费者，销售收入为6 180元。

（3）销售一批产品给甲企业，由税务机关代开增值税专用发票，注明销货款20 000元、增值税税额600元。

【实训要求】

（1）计算该公司6月应纳的增值税税额；

（2）根据资料作出相关会计处理；

（3）编制增值税纳税申报表主表，“增值税纳税申报表（小规模纳税人适用）”见表2-8。

表2-8　　**增值税纳税申报表**

（小规模纳税人适用）

纳税人识别号（统一社会信用代码）：□□□□□□□□□□□□□□□□□□

纳税人名称：　　　　　　　　　　　　　　　　　　　　　　　金额单位：元至角分

税款所属时间：自　　年　月　日至　　年　月　日　　　　　　填表日期：　　年　月　日

	项　目	栏次	本期数		本年累计	
			货物及劳务	服务、不动产和无形资产	货物及劳务	服务、不动产和无形资产
一、计税依据	（一）应征增值税不含税销售额（3%征收率）	1				
	税务机关代开的增值税专用发票不含税销售额	2				
	税控器具开具的普通发票不含税销售额	3				
	（二）应征增值税不含税销售额（5%征收率）	4	—		—	
	税务机关代开的增值税专用发票不含税销售额	5	—		—	
	税控器具开具的普通发票不含税销售额	6	—		—	
	（三）销售使用过的固定资产不含税销售额	7（7≥8）		—		—
	其中：税控器具开具的普通发票不含税销售额	8		—		—
	（四）免税销售额	9＝10＋11＋12				
	其中：小微企业免税销售额	10				
	未达起征点销售额	11				
	其他免税销售额	12				
	（五）出口免税销售额	13（13≥14）				
	其中：税控器具开具的普通发票销售额	14				
二、税款计算	本期应纳税额	15				
	本期应纳税额减征额	16				
	本期免税额	17				
	其中：小微企业免税额	18				
	未达起征点免税额	19				
	应纳税额合计	20＝15－16				
	本期预缴税额	21			—	—
	本期应补（退）税额	22＝20－21			—	—

续表

纳税人或代理人声明：	如纳税人填报，由纳税人填写以下各栏：	
本纳税申报表是根据国家税收法律法规及相关规定填报的，我确定它是真实的、可靠的、完整的。	办税人员： 法定代表人：	财务负责人： 联系电话：
	如委托代理人填报，由代理人填写以下各栏：	
	代理人名称（公章）：	经办人： 联系电话：

主管税务机关：　　　　　　接收人：　　　　　　接收日期：

实训五　增值税小规模纳税人销售、出租不动产项目的填列

【实训资料】

2021年6月10日，某市小规模纳税人A转让其购进的一处不动产，取得收入30.50万元，该不动产的购置原价为20万元。6月20日，A以10万元购入金融商品B，并于6月30日卖出，卖出价为11.03万元。该纳税人本月未发生其他增值税业务。

【实训要求】

计算2021年6月A的应纳增值税税额，并编制“增值税纳税申报表（小规模纳税人适用）”，见表2-9。

表2-9　增值税纳税申报表

（小规模纳税人适用）

纳税人识别号（统一社会信用代码）：□□□□□□□□□□□□□□□□□□□□

纳税人名称：　　　　　　　　　　　　　　　　　　　　　　金额单位：元至角分

税款所属时间：自　　年　月　日至　　年　月　日　　　　填表日期：　　年　月　日

	项　目	栏次	本期数		本年累计	
			货物及劳务	服务、不动产和无形资产	货物及劳务	服务、不动产和无形资产
一、计税依据	（一）应征增值税不含税销售额（3%征收率）	1				
	税务机关代开的增值税专用发票不含税销售额	2				
	税控器具开具的普通发票不含税销售额	3				
	（二）应征增值税不含税销售额（5%征收率）	4	—		—	
	税务机关代开的增值税专用发票不含税销售额	5	—		—	
	税控器具开具的普通发票不含税销售额	6	—		—	
	（三）销售使用过的固定资产不含税销售额	7（7≥8）		—		—
	其中：税控器具开具的普通发票不含税销售额	8		—		—
	（四）免税销售额	9＝10＋11＋12				

续表

	项　目	栏次	本期数		本年累计	
			货物及劳务	服务、不动产和无形资产	货物及劳务	服务、不动产和无形资产
一、计税依据	其中：小微企业免税销售额	10				
	未达起征点销售额	11				
	其他免税销售额	12				
	（五）出口免税销售额	13（13≥14）				
	其中：税控器具开具的普通发票销售额	14				
二、税款计算	本期应纳税额	15				
	本期应纳税额减征额	16				
	本期免税额	17				
	其中：小微企业免税额	18				
	未达起征点免税额	19				
	应纳税额合计	20＝15－16				
	本期预缴税额	21			—	—
	本期应补（退）税额	22＝20－21			—	—

纳税人或代理人声明：	如纳税人填报，由纳税人填写以下各栏：	
本纳税申报表是根据国家税收法律法规及相关规定填报的，我确定它是真实的、可靠的、完整的。	办税人员： 法定代表人：	财务负责人： 联系电话：
	如委托代理人填报，由代理人填写以下各栏：	
	代理人名称（公章）：	经办人： 联系电话：

实训六　城市维护建设税、教育费附加的申报

【实训资料】

某市甲公司2021年3月实际缴纳增值税200 000元、消费税50 000元，应缴纳的城市维护建设税17 500元、教育费附加7 500元、地方教育附加5 000元。

【实训要求】

计算2021年8月应纳的城市维护建设税、教育费附加、地方教育附加，并编制“城市维护建设税、教育费附加、地方教育附加申报表”，见表2-10。

表2-10　　　　城市维护建设税　教育费附加　地方教育附加申报表

税款所属期限：自　年　月　日至　年　月　日

纳税人识别号（统一社会信用代码）：□□□□□□□□□□□□□□□□□□□□

纳税人名称：　　　　　　　　　　　　　　　　　　　　金额单位：人民币元（列至角分）

本期是否适用增值税小规模纳税人减征政策 （减免性质代码_城市维护建设税：07049901，减免性质代码_教育费附加：61049901，减免性质代码_地方教育附加：99049901）	□是 □否	减征比例_城市维护建设税（%）	
		减征比例_教育费附加（%）	
		减征比例_地方教育附加（%）	

税（费）种	计税（费）依据					税率（征收率）	本期应纳税（费）额	本期减免税（费）额		本期增值税小规模纳税人减征额	本期已缴税（费）额	本期应补（退）税（费）额
	增值税		消费税	营业税	合计			减免性质代码	减免税（费）额			
	一般增值税	免抵税额										
	1	2	3	4	5=1+2+3+4	6	7=5×6	8	9	10	11	12=7-9-10-11
城建税												
教育费附加												
地方教育附加												
—												
合计	—					—						

谨声明：本纳税申报表是根据国家税收法律法规及相关规定填报的，是真实的、可靠的、完整的。

纳税人（签章）：　　　　年　月　日

经办人： 经办人身份证号： 代理机构签章： 代理机构统一社会信用代码：	受理人： 受理税务机关（章）： 受理日期：　　年　月　日

附：最新增值税及附加税的纳税申报

自2021年8月1日起，增值税、消费税分别与城市维护建设税、教育费附加、地方教育附加申报表整合，启用“增值税及附加税费申报表（一般纳税人适用）”、“增值税及附加税费申报表（小规模纳税人适用）”、“增值税及附加税费预缴表”及其附列资料和“消费税及附加税费申报表”。

一、一般纳税人增值税及附加税费申报表及其附列资料

一般纳税人增值税及附加税费申报表及其附列资料，包括：

（1）“增值税及附加税费申报表（一般纳税人适用）（见表2-11）”；

（2）“增值税及附加税费申报表附列资料（一）（本期销售情况明细）（见表2-12）”；

表 2-11 **增值税及附加税费申报表**

（一般纳税人适用）

根据国家税收法律法规及增值税相关规定制定本表。纳税人不论有无销售额，均应按税务机关核定的纳税期限填写本表，并向当地税务机关申报。

税款所属时间：自 年 月 日至 年 月 日 填表日期： 年 月 日 金额单位：元（列至角分）

纳税人识别号（统一社会信用代码）：□□□□□□□□□□□□□□□□□□□□ 所属行业：

纳税人名称：	法定代表人姓名		注册地址		生产经营地址	
开户银行及账号		登记注册类型			电话号码	
项目		栏次	一般项目		即征即退项目	
			本月数	本年累计	本月数	本年累计
销售额	（一）按适用税率计税销售额	1				
	其中：应税货物销售额	2				
	应税劳务销售额	3				
	纳税检查调整的销售额	4				
	（二）按简易办法计税销售额	5				
	其中：纳税检查调整的销售额	6				
	（三）免、抵、退办法出口销售额	7			—	—
	（四）免税销售额	8			—	—
	其中：免税货物销售额	9			—	—
	免税劳务销售额	10			—	—
税款计算	销项税额	11				
	进项税额	12				
	上期留抵税额	13				—
	进项税额转出	14				
	免、抵、退应退税额	15			—	—
	按适用税率计算的纳税检查应补缴税额	16			—	—
	应抵扣税额合计	17=12+13-14-15+16		—		—
	实际抵扣税额	18（如17<11，则为17，否则为11）				
	应纳税额	19=11-18				

续表

项目		栏次	一般项目		即征即退项目	
			本月数	本年累计	本月数	本年累计
税款计算	期末留抵税额	20=17-18				—
	简易计税办法计算的应纳税额	21				
	按简易计税办法计算的纳税检查应补缴税额	22			—	—
	应纳税额减征额	23				
	应纳税额合计	24=19+21-23				
税款缴纳	期初未缴税额（多缴为负数）	25				
	实收出口开具专用缴款书退税额	26			—	—
	本期已缴税额	27=28+29+30+31				
	①分次预缴税额	28		—		—
	②出口开具专用缴款书预缴税额	29		—	—	—
	③本期缴纳上期应纳税额	30				
	④本期缴纳欠缴税额	31				
	期末未缴税额（多缴为负数）	32=24+25+26-27				
	其中：欠缴税额（≥0）	33=25+26-27		—		—
	本期应补（退）税额	34 = 24-28-29		—		—
	即征即退实际退税额	35	—	—		
	期初未缴查补税额	36			—	—
	本期入库查补税额	37			—	—
	期末未缴查补税额	38=16+22+36-37			—	—
附加税费	城市维护建设税本期应补（退）税额	39			—	—
	教育费附加本期应补（退）费额	40			—	—
	地方教育附加本期应补（退）费额	41			—	—

声明：此表是根据国家税收法律法规及相关规定填写的，本人（单位）对填报内容（及附带资料）的真实性、可靠性、完整性负责。

纳税人（签章）：　　年　月　日

经办人： 经办人身份证号： 代理机构签章： 代理机构统一社会信用代码：	受理人： 受理税务机关（章）：　　受理日期：　年　月　日

表 2-12

增值税及附加税费申报表附列资料（一）

（本期销售情况明细）

税款所属时间：　年　月　日至　年　月　日

纳税人名称：（公章）　　　　金额单位：元（列至角分）

项目及栏次				开具增值税专用发票		开具其他发票		未开具发票		纳税检查调整		合计			服务、不动产和无形资产扣除项目本期实际扣除金额	扣除后	
				销售额	销项（应纳）税额	销售额	销项（应纳）税额	销售额	销项（应纳）税额	销售额	销项（应纳）税额	销售额	销项（应纳）税额	价税合计		含税（免税）销售额	销项（应纳）税额
				1	2	3	4	5	6	7	8	9=1+3+5+7	10=2+4+6+8	11=9+10	12	13=11-12	14=13÷（100%+税率或征收率）×税率或征收率
一、一般计税方法计税	全部征税项目	13%税率的货物及加工修理修配劳务	1											—	—	—	—
		13%税率的服务、不动产和无形资产	2														
		9%税率的货物及加工修理修配劳务	3											—	—	—	—
		9%税率的服务、不动产和无形资产	4														
		6%税率	5														
	其中：即征即退项目	即征即退货物及加工修理修配劳务	6	—	—	—	—	—	—	—	—			—	—	—	—
		即征即退服务、不动产和无形资产	7	—	—	—	—	—	—	—	—						

续表

项目及栏次				开具增值税专用发票		开具其他发票		未开具发票		纳税检查调整		合计			服务、不动产和无形资产扣除项目本期实际扣除金额	扣除后	
				销售额	销项（应纳）税额	销售额	销项（应纳）税额	销售额	销项（应纳）税额	销售额	销项（应纳）税额	销售额	销项（应纳）税额	价税合计		含税（免税）销售额	销项（应纳）税额
				1	2	3	4	5	6	7	8	9=1+3+5+7	10=2+4+6+8	11=9+10	12	13=11-12	14=13÷（100%+税率或征收率）×税率或征收率
二、简易计税方法计税	全部征税项目	6%征收率	8							—	—			—	—	—	—
		5%征收率的货物及加工修理修配劳务	9a							—	—			—	—	—	—
		5%征收率的服务、不动产和无形资产	9b							—	—						
		4%征收率	10							—	—			—	—	—	—
		3%征收率的货物及加工修理修配劳务	11							—	—			—	—	—	—
		3%征收率的服务、不动产和无形资产	12							—	—						
		预征率 %	13a							—	—						
		预征率 %	13b							—	—						
		预征率 %	13c							—	—						
	其中：即征即退项目	即征即退货物及加工修理修配劳务	14	—	—	—	—	—	—	—	—			—	—	—	—
		即征即退服务、不动产和无形资产	15	—	—	—	—	—	—	—	—						
三、免抵退税	货物及加工修理修配劳务		16	—	—		—		—	—	—		—	—	—	—	—
	服务、不动产和无形资产		17	—	—		—		—	—	—		—				—
四、免税	货物及加工修理修配劳务		18				—		—	—	—		—	—	—	—	—
	服务、不动产和无形资产		19	—	—		—		—	—	—		—				—

（3）“增值税及附加税费申报表附列资料（二）（本期进项税额明细）（见表2-13）”；

表2-13　增值税及附加税费申报表附列资料（二）

（本期进项税额明细）

税款所属时间：　年　月　日至　年　月　日

纳税人名称：（公章）　　金额单位：元（列至角分）

一、申报抵扣的进项税额				
项目	栏次	份数	金额	税额
（一）认证相符的增值税专用发票	1=2+3			
其中：本期认证相符且本期申报抵扣	2			
前期认证相符且本期申报抵扣	3			
（二）其他扣税凭证	4=5+6+7+8a+8b			
其中：海关进口增值税专用缴款书	5			
农产品收购发票或者销售发票	6			
代扣代缴税收缴款凭证	7		—	
加计扣除农产品进项税额	8a	—	—	
其他	8b			
（三）本期用于购建不动产的扣税凭证	9			
（四）本期用于抵扣的旅客运输服务扣税凭证	10			
（五）外贸企业进项税额抵扣证明	11	—	—	
当期申报抵扣进项税额合计	12=1+4+11			

二、进项税额转出额		
项目	栏次	税额
本期进项税额转出额	13=14至23之和	
其中：免税项目用	14	
集体福利、个人消费	15	
非正常损失	16	
简易计税方法征税项目用	17	
免抵退税办法不得抵扣的进项税额	18	
纳税检查调减进项税额	19	

续表

项目	栏次	份数	金额	税额
红字专用发票信息表注明的进项税额	20			
上期留抵税额抵减欠税	21			
上期留抵税额退税	22			
异常凭证转出进项税额	23a			
其他应作进项税额转出的情形	23b			
三、待抵扣进项税额				
项目	栏次	份数	金额	税额
（一）认证相符的增值税专用发票	24	—	—	—
期初已认证相符但未申报抵扣	25			
本期认证相符且本期未申报抵扣	26			
期末已认证相符但未申报抵扣	27			
其中：按照税法规定不允许抵扣	28			
（二）其他扣税凭证	29=30至33之和			
其中：海关进口增值税专用缴款书	30			
农产品收购发票或者销售发票	31			
代扣代缴税收缴款凭证	32		—	
其他	33			
	34			
四、其他				
项目	栏次	份数	金额	税额
本期认证相符的增值税专用发票	35			
代扣代缴税额	36	—	—	

（4）“增值税及附加税费申报表附列资料（三）（服务、不动产和无形资产扣除项目明细）（见表2–14）”；

（5）“增值税及附加税费申报表附列资料（四）（税额抵减情况表）（见表2–15）”；

（6）增值税及附加税费申报表附列资料（五）（附加税费情况表）（见表2–16）；

（7）“增值税及附加税费减免税申报明细表”（见表2–17）。

表 2-14 增值税及附加税费申报表附列资料（三）

（服务、不动产和无形资产扣除项目明细）

税款所属时间： 年 月 日至 年 月 日

纳税人名称：（公章） 金额单位：元（列至角分）

项目及栏次		本期服务、不动产和无形资产价税合计额（免税销售额）	服务、不动产和无形资产扣除项目				
			期初余额	本期发生额	本期应扣除金额	本期实际扣除金额	期末余额
		1	2	3	4=2+3	5（5≤1且5≤4）	6=4-5
13%税率的项目	1						
9%税率的项目	2						
6%税率的项目（不含金融商品转让）	3						
6%税率的金融商品转让项目	4						
5%征收率的项目	5						
3%征收率的项目	6						
免抵退税的项目	7						
免税的项目	8						

表 2-15 增值税及附加税费申报表附列资料（四）

（税额抵减情况表）

税款所属时间： 年 月 日至 年 月 日

纳税人名称：（公章） 金额单位：元（列至角分）

一、税额抵减情况							
序号	抵减项目	期初余额	本期发生额	本期应抵减税额	本期实际抵减税额	期末余额	
		1	2	3=1+2	4≤3	5=3-4	
1	增值税税控系统专用设备费及技术维护费						
2	分支机构预征缴纳税款						
3	建筑服务预征缴纳税款						
4	销售不动产预征缴纳税款						
5	出租不动产预征缴纳税款						
二、加计抵减情况							
序号	加计抵减项目	期初余额	本期发生额	本期调减额	本期可抵减额	本期实际抵减额	期末余额
		1	2	3	4=1+2-3	5	6=4-5
6	一般项目加计抵减额计算						
7	即征即退项目加计抵减额计算						
8	合计						

表2-16　　增值税及附加税费申报表附列资料（五）

（附加税费情况表）

税（费）款所属时间：　年　月　日至　年　月　日

纳税人名称：（公章）　　　　　　　　　　　　金额单位：元（列至角分）

<table>
<tr><td colspan="2" rowspan="3">税（费）种</td><td colspan="3">计税（费）依据</td><td rowspan="2">税（费）率（征收率）（%）</td><td rowspan="2">本期应纳税（费）额</td><td colspan="2">本期减免税（费）额</td><td colspan="2">试点建设培育产教融合型企业</td><td rowspan="2">本期已缴税（费）额</td><td rowspan="2">本期应补（退）税（费）额</td></tr>
<tr><td>增值税税额</td><td>增值税免抵税额</td><td>留抵退税本期扣除额</td><td>减免性质代码</td><td>减免税（费）额</td><td>减免性质代码</td><td>本期抵免金额</td></tr>
<tr><td>1</td><td>2</td><td>3</td><td>4</td><td>5=（1-3+2）×4</td><td>6</td><td>7</td><td>8</td><td>9</td><td>10</td><td>11=5-7-9-10</td></tr>
<tr><td>城市维护建设税</td><td>1</td><td></td><td></td><td></td><td></td><td></td><td></td><td></td><td>—</td><td>—</td><td></td><td></td></tr>
<tr><td>教育费附加</td><td>2</td><td></td><td></td><td></td><td></td><td></td><td></td><td></td><td></td><td></td><td></td><td></td></tr>
<tr><td>地方教育附加</td><td>3</td><td></td><td></td><td></td><td></td><td></td><td></td><td></td><td></td><td></td><td></td><td></td></tr>
<tr><td>合计</td><td>4</td><td>—</td><td>—</td><td>—</td><td>—</td><td></td><td>—</td><td></td><td>—</td><td></td><td></td><td></td></tr>
<tr><td colspan="5" rowspan="3">本期是否适用试点建设培育产教融合型企业抵免政策</td><td rowspan="3">□是
□否</td><td colspan="4">当期新增投资额</td><td>5</td><td colspan="2"></td></tr>
<tr><td colspan="4">上期留抵可抵免金额</td><td>6</td><td colspan="2"></td></tr>
<tr><td colspan="4">结转下期可抵免金额</td><td>7</td><td colspan="2"></td></tr>
<tr><td colspan="6" rowspan="3">可用于扣除的增值税留抵退税额使用情况</td><td colspan="4">当期新增可用于扣除的留抵退税额</td><td>8</td><td colspan="2"></td></tr>
<tr><td colspan="4">上期结存可用于扣除的留抵退税额</td><td>9</td><td colspan="2"></td></tr>
<tr><td colspan="4">结转下期可用于扣除的留抵退税额</td><td>10</td><td colspan="2"></td></tr>
</table>

表2-17　　增值税减免税申报明细表

税款所属时间：自　年　月　日至　年　月　日

纳税人名称（公章）：　　　　　　　　　　　　金额单位：元（列至角分）

<table>
<tr><td colspan="7">一、减税项目</td></tr>
<tr><td rowspan="2">减税性质代码及名称</td><td rowspan="2">栏次</td><td>期初余额</td><td>本期发生额</td><td>本期应抵减税额</td><td>本期实际抵减税额</td><td>期末余额</td></tr>
<tr><td>1</td><td>2</td><td>3=1+2</td><td>4≤3</td><td>5=3-4</td></tr>
<tr><td>合计</td><td>1</td><td></td><td></td><td></td><td></td><td></td></tr>
<tr><td></td><td>2</td><td></td><td></td><td></td><td></td><td></td></tr>
<tr><td></td><td>3</td><td></td><td></td><td></td><td></td><td></td></tr>
<tr><td></td><td>4</td><td></td><td></td><td></td><td></td><td></td></tr>
<tr><td></td><td>5</td><td></td><td></td><td></td><td></td><td></td></tr>
<tr><td></td><td>6</td><td></td><td></td><td></td><td></td><td></td></tr>
</table>

续表

二、免税项目						
免税性质代码及名称	栏次	免征增值税项目销售额	免税销售额扣除项目本期实际扣除金额	扣除后免税销售额	免税销售额对应的进项税额	免税额
		1	2	3=1−2	4	5
合 计	7					
出口免税	8		—	—	—	
其中：跨境服务	9		—	—	—	
	10				—	
	11				—	
	12				—	
	13				—	
	14				—	
	15				—	
	16				—	

二、小规模纳税人纳税申报表及其附列资料

小规模纳税人纳税申报表及其附列资料包括：“增值税纳税申报表（小规模纳税人适用）”（见表2-18）、“增值税纳税申报表（小规模纳税人适用）附列资料”（见表2-19）、“增值税减免税申报明细表”（见表2-20）。

表 2-18 增值税及附加税费申报表

（小规模纳税人适用）

纳税人识别号（统一社会信用代码）：□□□□□□□□□□□□□□□□□□□□□□□□□

纳税人名称： 金额单位：元（列至角分）

税款所属期： 年 月 日至 年 月 日 填表日期： 年 月 日

	项 目	栏次	本期数		本年累计	
			货物及劳务	服务、不动产和无形资产	货物及劳务	服务、不动产和无形资产
一、计税依据	（一）应征增值税不含税销售额（3%征收率）	1				
	增值税专用发票不含税销售额	2				
	其他增值税发票不含税销售额	3				
	（二）应征增值税不含税销售额（5%征收率）	4	—		—	
	增值税专用发票不含税销售额	5	—		—	
	其他增值税发票不含税销售额	6	—		—	
	（三）销售使用过的固定资产不含税销售额	7（7≥8）		—		—
	其中：其他增值税发票不含税销售额	8		—		—
	（四）免税销售额	9=10+11+12				
	其中：小微企业免税销售额	10				
	未达起征点销售额	11				
	其他免税销售额	12				
	（五）出口免税销售额	13（13≥14）				
	其中：其他增值税发票不含税销售额	14				
二、税款计算	本期应纳税额	15				
	本期应纳税额减征额	16				
	本期免税额	17				
	其中：小微企业免税额	18				
	未达起征点免税额	19				
	应纳税额合计	20=15-16				
	本期预缴税额	21			—	—
	本期应补（退）税额	22=20-21			—	—
三、附加税费	城市维护建设税本期应补（退）税额	23				
	教育费附加本期应补（退）费额	24				
	地方教育附加本期应补（退）费额	25				

声明：此表是根据国家税收法律法规及相关规定填写的，本人（单位）对填报内容（及附带资料）的真实性、可靠性、完整性负责。

纳税人（签章）： 年 月 日

经办人： 经办人身份证号： 代理机构签章： 代理机构统一社会信用代码：	受理人： 受理税务机关（章）： 受理日期： 年 月 日

表 2-19 增值税及附加税费申报表（小规模纳税人适用）附列资料（一）

（服务、不动产和无形资产扣除项目明细）

税款所属期：　年　月　日至　年　月　日　　　　填表日期：年　月　日

纳税人名称（公章）：　　　　　　　　　　　　　金额单位：元（列至角分）

应税行为（3%征收率）扣除额计算			
期初余额	本期发生额	本期扣除额	期末余额
1	2	3（3≤1+2之和，且3≤5）	4=1+2-3
应税行为（3%征收率）计税销售额计算			
全部含税收入（适用3%征收率）	本期扣除额	含税销售额	不含税销售额
5	6=3	7=5-6	8=7÷1.03
应税行为（5%征收率）扣除额计算			
期初余额	本期发生额	本期扣除额	期末余额
9	10	11（11≤9+10之和，且11≤13）	12=9+10-11
应税行为（5%征收率）计税销售额计算			
全部含税收入（适用5%征收率）	本期扣除额	含税销售额	不含税销售额
13	14=11	15=13-14	16=15÷1.05

表 2-20 增值税及附加税费申报表（小规模纳税人适用）附列资料（二）

（附加税费情况表）

税（费）款所属时间：　年　月　日至　年　月　日

纳税人名称：（公章）　　　　　　　　　　　　　金额单位：元（列至角分）

税（费）种	计税（费）依据	税（费）率（%）	本期应纳税（费）额	本期减免税（费）额		增值税小规模纳税人“六税两费”减征政策		本期已缴税（费）额	本期应补（退）税（费）额
	增值税税额			减免性质代码	减免税（费）额	减征比例（%）	减征额		
	1	2	3=1×2	4	5	6	7=（3-5）×6	8	9=3-5-7-8
城市维护建设税									
教育费附加									
地方教育附加									
合计	—	—		—		—			

项目三

消费税

一、单项选择题

1. 下列各项实行从量计征消费税的是（　　）。

A. 黄酒　　B. 酒精　　C. 小汽车　　D. 高尔夫球

2. 委托加工应税消费品是指（　　）。

A. 由受托方以委托方名义购进原材料生产的产品

B. 由受托方提供原材料生产的产品

C. 由受托方将原材料卖给委托方，然后再接受加工的产品

D. 由委托方提供原材料和主要材料，受托方只收取加工费和代垫部分辅助材料加工的产品

3. 现行消费税的计税依据是指（　　）。

A. 含消费税而不含增值税的销售额　　B. 含消费税且含增值税的销售额

C. 不含消费税而含增值税的销售额　　D. 不含消费税也不含增值税的销售额

4. 纳税人用外购应税消费品连续生产应税消费品，在计算纳税时，对其外购应税消费品已纳消费税税款的处理办法是（　　）。

A. 该已纳税款当期可以全部扣除

B. 该已纳税款当期可扣除50%

C. 可对外购应税消费品当期领用部分的已纳税款予以扣除

D. 该已纳税款当期不得扣除

5. 计算自产自用应税消费品应纳消费税时，若没有同类应税消费品的销售价格，按组成计税价格计算，其组成计税价格为（　　）。

A.（成本+利润）÷（1−消费税税率）

B.（成本+利润）÷（1+消费税税率）

C.（成本+利润）÷（1−增值税税率或征收率）

D.（成本+利润）÷（1+增值税税率或征收率）

6. 纳税人进口应税消费品，应当自海关填发税款缴款书的次日起（　　）日内缴纳税款。

A.5　　B.7　　C.10　　D.15

7. 某酒厂某月生产税率为20%的粮食白酒，又生产税率为10%的其他酒，该厂未分别核算上述两种酒的销售额，在计算消费税应纳税额时，应适用的税率为（　　）。

A.20%　　B.15%　　C. 不确定　　D.10%

8. 某卷烟厂将一批特制的烟丝作为福利分给本厂职工，已知该批烟丝的生产成本为10 000元，其应纳消费税为（　　）元。

A.4 200　　B.3 000　　C.4 500　　D.4 285

9. 委托加工应税消费品的组成计税价格计算公式为（　　）。

A.（材料成本+加工费）÷（1−消费税税率）

B.（材料成本+利润）÷（1−消费税税率）

C.（材料成本+加工费）÷（1+消费税税率）

D.（材料成本+利润）÷（1+消费税税率）

10.进口应税消费品组成计税价格的计算公式为（　　）。

A.（关税完税价格+关税）÷（1-消费税税率）

B.（关税完税价格+关税）÷（1+消费税税率）

C.（关税完税价格+关税）× 消费税税率

D.（关税完税价格-关税）÷（1-消费税税率）

11.委托加工应税消费品委托方将其收回后直接用于销售，支付受托方代收代缴消费税的会计分录为（　　）。

A.借：委托加工物资

　　贷：银行存款

B.借：税金及附加

　　贷：银行存款

C.借：应交税费——应交消费税

　　贷：银行存款

D.借：应交税费——代扣代缴消费税

　　贷：银行存款

12.下列各项应缴纳消费税的是（　　）。

A.进口卷烟　B.进口服装　C.零售白酒　D.零售化妆品

13.某烟厂6月外购烟丝，取得的增值税专用发票上注明的税款为8.5万元，本月生产领用80%，期初库存烟丝2万元，期末库存烟丝12万元，该企业本月应扣除的消费税为（　　）万元。

A.6.8　B.9.6　C.12　D.40

14.下列各项应当征收消费税的是（　　）。

A.外购零部件组装电视机销售

B.委托加工的粮食白酒收回后用于职工福利

C.委托加工的粮食白酒收回后直接销售

D.商业企业外购已税珠宝玉石加工成金银首饰后销售

15.下列各项应征收消费税的是（　　）。

A.高尔夫球　B.护肤护发品　C.汽车轮胎　D.电动车

二、多项选择题

1.纳税人自产自用的应税消费品，用于（　　）的，应缴纳消费税。

A.在建工程　B.职工福利

C.管理部门　D.连续生产应税消费品

2.下列各项以同期应税消费品最高销售价格作为计税依据的有（　　）。

A.用于抵偿债务的应税消费品　B.用于馈赠的应税消费品

C.用于换取生产资料的应税消费品　D.用于换取消费资料的应税消费品

3.下列各项表述正确的有（　　）。

A.消费税是价内税

B.消费税是价外税

C.实行从价定率征收的消费品，是以含消费税而不含增值税的销售额为计税依据

D.实行从价定率征收的消费品，是以含有消费税和增值税的销售额为计税依据

4.下列各项采用复合计税方法计算消费税的有（　　）。

A.烟丝　　B.卷烟　　C.白酒　　D.酒精

5.木材加工厂将自产的一批实木地板用于在建工程的会计分录为（　　）。

A.借：在建工程

　　贷：应交税费——应交增值税（销项税额）

B.借：在建工程

　　贷：应交税费——应交消费税

C.借：税金及附加

　　贷：应交税费——应交消费税

D.借：在建工程

　　贷：库存商品

6.按从量定额计算消费税时，其计税依据包括（　　）。

A.销售应税消费品，为应税消费品的销售数量

B.委托加工应税消费品，为加工收回的应税消费品数量

C.自产自用应税消费品（用于连续生产应税消费品的除外），为移送使用数量

D.进口的应税消费品，为进口应税消费品数量

7.下列各项在计税时准予扣除外购或委托加工应税消费品已纳的消费税税款的有（　　）。

A.用外购已税的烟丝生产的卷烟

B.用外购已税的高档化妆品生产的高档化妆品

C.以委托加工收回的已税实木地板为原料生产的实木地板

D.以委托加工收回的已税酒精为原料生产的白酒

8.消费税纳税环节包括（　　）。

A.批发环节　　B.进口环节　　C.零售环节　　D.生产销售环节

9.下列各项实行从量定额征税的应税消费品主要有（　　）。

A.黄酒　　B.汽油　　C.柴油　　D.啤酒

10.某烟草商进口烟丝，报关时由海关征收的税种有（　　）。

A.关税　　B.增值税　　C.资源税　　D.消费税

11.我国现行消费税的税率主要有（　　）。

A.定额税率　　B.比例税率　　C.累进税率　　D.复合税率

12.下列各项属于零售环节征收消费税的货物有（　　）。

A.珠宝玉石　　B.金银首饰　　C.钻石　　D.钻石饰品

13.下列各项表述正确的有（　　）。

A.卷烟：每标准箱定额税率为150元，每标准条售价大于等于70元时，税率为

56%；每标准条售价小于70元时，税率为36%

B.高档化妆品的税率为15%

C.粮食白酒的定额税率为0.5元/500克，比例税率为20%

D.薯类白酒的定额税率为0.5元/500克，比例税率为20%

14.下列各项属于消费税纳税义务人的有（　　）。

A.生产应税消费品的单位和个人　　B.进口应税消费品的单位和个人

C.委托加工应税消费品的单位和个人　　D.金银首饰的零售单位和个人

15.某酒厂是增值税一般纳税人，欠甲公司货款50 000元，经双方协商以自产粮食白酒10吨抵偿债务，该粮食白酒成本为3 000元/吨，每吨售价为4 800～5 200元，平均售价为5 000元/吨。以下处理正确的有（　　）。

A.增值税的计税依据为50 000元

B.消费税的计税依据为52 000元

C.借：应付账款　　50 000
　　营业外支出　　6 500
　　贷：主营业务收入　　50 000
　　　　应交税费——应交增值税（销项税额）　　6 500

D.借：税金及附加　　20 400
　　贷：应交税费——应交消费税　　20 400

三、判断题

1.纳税人委托加工的应税消费品均由受托方在向委托方交货时代收代缴消费税。（　　）

2.纳税人兼营不同税率的应税消费品，应当分别核算不同税率应税消费品的销售额或销售数量；未分别核算的，按最高税率征税。（　　）

3.委托加工的应税消费品，受托方在交货时已代收代缴消费税，委托方收回后直接出售的，不再征收消费税。（　　）

4.用外购已税的应税消费品连续生产应税消费品计算征收消费税时，按当期购入数量计算准予扣除的消费税税款。（　　）

5.生产企业销售酒类产品而收取的包装物押金，无论押金是否返还及会计上如何核算，均不需并入酒类产品销售额计征消费税。（　　）

6.纳税人将自产自用的应税消费品用作广告或样品，应于移送使用时按销售应税消费品计算缴纳消费税。（　　）

7.对应税消费品征收消费税后，不再征收增值税。（　　）

8.受托方以委托方的名义购买原材料生产应税消费品的，可作为委托加工的应税消费品，由受托方向委托方交货时代收代缴消费税。（　　）

9.纳税人将自产的应税消费品，用于连续生产应税消费品，不需缴纳消费税。（　　）

10.纳税人将自产、委托加工收回和进口的应税消费品发放给本企业职工，均应视同销售征收消费税和增值税。（　　）

11.消费税属于流转税、中央税和价内税。（　　）

12.纳税人用于换取生产资料和消费资料、投资入股、抵偿债务的应税消费品，应以纳税人同类消费品的最高销售价格为计税依据计算消费税。（　　）

13.委托加工的应税消费品，应按受托方的同类消费品的销售价格征收消费税。（　　）

14.进口应税消费品时，由海关代征的消费税，应该计入应税消费品的成本，借记“固定资产”“材料采购”等科目。（　　）

15.纳税人进口应税消费品，应当自海关填发税款缴款书次日起15天内缴纳税款。（　　）

四、简答题

1.消费税和增值税相比，在纳税环节上有什么不同？

2.消费税对哪些消费品征税？与增值税相比有什么不同？

3.消费税和增值税的计税依据有什么不同？

4.委托加工的应税消费品，其增值税的计税依据与消费税的计税依据有什么不同？

5.委托加工的应税消费品，收回后直接对外销售与连续生产应税消费品，两种情况在税务处理上有什么不同？

6.将自产的应税消费品与委托加工的应税消费品连续生产应税消费品，这两种情况在税务处理上有什么不同？

五、实务题

1.某日化厂为增值税一般纳税人，2021年5月销售高档化妆品，开具的增值税专用发票上注明的销售额为400 000元，开具的普通发票上注明的销售额为22 600元。

要求：计算该日化厂5月应纳的消费税税额，并做出相关会计处理。

2.某卷烟厂为增值税一般纳税人，2021年8月销售卷烟10箱，每箱价格为50 000元（不含税），这些卷烟是用外购的烟丝生产的，已知烟丝的买价为113 000元（含税）。

要求：计算该卷烟厂8月应纳的消费税税额，并做出相关会计处理。

3.某化妆品公司2021年为庆祝“三八”妇女节，特别生产精美套装化妆品（属高档化妆品），全公司100名职工每人发一套。此化妆品尚未上市销售，每套生产成本为2 000元，假设国家税务总局确定高档化妆品全国平均成本利润率为5%，高档化妆品消费税税率为15%。

要求：计算该公司应纳消费税税额，并作出相关会计处理。

4.某黄酒厂2021年6月的销售情况如下：

（1）销售瓶装黄酒50吨，每吨4 520元（含增值税），随黄酒发出不单独计价包装箱500个，一个月内退回，每个收取押金100元，共收取押金50 000元。

（2）销售散装黄酒40吨，取得含增值税的价款180 800元。

（3）作为福利发给职工黄酒5吨，销售额为40 000元。

要求：计算该黄酒厂本月应纳消费税税额，并作出相关会计处理。

5.A卷烟厂2021年8月发生如下经济业务：

（1）5日，购买一批烟叶，取得增值税专用发票，注明的价款为200 000元，增值税税额为26 000元。

（2）15日，将8月5日购进的烟叶发往B加工厂，委托B加工厂加工成烟丝，收到的增值税专用发票注明的加工费为80 000元，税款为10 400元。

（3）A卷烟厂收回烟丝后领用一半用于卷烟生产，另一半直接出售，取得价款360 000元，增值税税额为46 800元。

（4）25日，A卷烟厂销售卷烟200箱，每箱不含税售价为5 000元，款项已存入银行。

（5）B加工厂无同类烟丝销售价格。

要求：计算该厂当期应纳的消费税税额，并分别为A卷烟厂、B加工厂作账务处理。

6.某日化厂2021年6月发生以下各项业务：

（1）从国外进口一批高档化妆品，关税完税价格为80 000元，缴纳关税40 000元。

（2）以价值100 000元的原材料委托他厂加工高档防皱化妆品，支付加工费60 000元，该批加工产品（受托方没有同类货物价格可以参照）已收回。

要求：计算该日化厂当期应纳的消费税税额，并作出委托方及受托方的账务处理。

7.甲卷烟批发企业是增值税一般纳税人，2021年6月销售卷烟50标准箱，即12 500条，开具增值税专用发票，每条不含税售价100元。

要求：计算甲卷烟批发企业2021年6月应缴纳的消费税税额。

六、综合实训题

【实训资料】

企业名称：唐山盛华股份有限公司

企业性质：国有企业（一般纳税人）

企业地址及电话：唐山市西山道××号　0315-28432××

企业所属行业：工业企业

开户银行及账号：工行西山道分理处　456××××××××××××××××

纳税人识别号（统一社会信用代码）：1302037856249000××

该企业主要生产经营酒类、卷烟和化妆品。2021年5月发生如下经济业务：

（1）4日，将自己生产的啤酒2吨作为福利发给职工。该啤酒出厂价为3 200元/吨，成本为2 400元/吨。

（2）10日，用自产粮食白酒30吨抵偿芦台农场货款200 000元，不足或多余部分不再结算。该粮食白酒本月售价每吨5 500～6 500元，平均售价为6 000元。

（3）16日，将一批自产的高档化妆品作为福利发给职工，这批化妆品的成本为10 000元。假设该类化妆品不存在同类消费品销售价格。其消费税税率为15%，应税化妆品全国平均成本利润率为5%。

（4）12日，向华盛超市销售用上月外购烟丝生产的甲类卷烟20标准箱，每标准条调拨价格为60元，共计300 000元（购入烟丝支付含增值税价款79 100元，烟丝的消费税税率为30%），采取托收承付结算方式，货已发出并办妥托收手续。

（5）24日，从国外购进成套高档化妆品，关税完税价格为6 000美元，关税税率为50%。假定当日美元对人民币的汇率为1∶6.2，货款全部以银行存款付清。

（6）29日，将一批生产化妆品的材料80 000元交给路北日化生产公司，委托其加工一批高档化妆品，受托方已代垫辅助材料5 000元（款已付）。本月应支付的加工费为10 000元（不含税）。27日，公司以银行存款付清全部款项。28日，公司收回已加工完成的化妆品，支付运输单位运输费用8 000元，取得增值税专用发票。30日，该化妆品全部用于销售，售价为160 000元，款已收到。

【实训要求】

（1）计算2021年5月该公司应缴纳的增值税和消费税。

（2）编制卷烟、白酒及高档化妆品的消费税纳税申报表。“烟类应税消费品消费税纳税申报表”见表3-1，“酒类应税消费品消费税纳税申报表”见表3-2，“其他应税消费品消费税纳税申报表”见表3-3。

表3-1 烟类应税消费品消费税纳税申报表

税款所属期： 年 月 日至 年 月 日

纳税人名称：（公章） 纳税人识别号（统一社会信用代码）：□□□□□□□□□□□□□□□□□□

填表日期： 年 月 日 单位：卷烟万支、雪茄烟支、烟丝千克；金额单位：元（列至角分）

<table>
<tr><th rowspan="2">项目
应税消费品名称</th><th colspan="2">适用税率</th><th rowspan="2">销售数量</th><th rowspan="2">本期销售额</th><th rowspan="2">本期应纳税额</th></tr>
<tr><th>定额税率</th><th>比例税率</th></tr>
<tr><td>甲类卷烟</td><td></td><td></td><td></td><td></td><td></td></tr>
<tr><td>乙类卷烟</td><td></td><td></td><td></td><td></td><td></td></tr>
<tr><td>雪茄烟</td><td></td><td></td><td></td><td></td><td></td></tr>
<tr><td>烟丝</td><td></td><td></td><td></td><td></td><td></td></tr>
<tr><td>合 计</td><td>—</td><td>—</td><td>—</td><td>—</td><td></td></tr>
<tr><td colspan="4">本期准予扣除税额：</td><td colspan="2" rowspan="3">声 明
此纳税申报表是根据国家税收法律的规定填报的，我确定它是真实的、可靠的、完整的。
经办人（签章）：
财务负责人（签章）：
联系电话：</td></tr>
<tr><td colspan="4">本期减（免）税额：</td></tr>
<tr><td colspan="4">期初未缴税额：</td></tr>
<tr><td colspan="4">本期缴纳前期应纳税额：</td><td colspan="2" rowspan="4">（如果你已委托代理人申报，请填写）
授权声明
为代理一切税务事宜，现授权______（地址）___________为本纳税人的代理申报人，任何与本申报表有关的往来文件，都可寄与此人。
授权人签章：</td></tr>
<tr><td colspan="4">本期预缴税额：</td></tr>
<tr><td colspan="4">本期应补（退）税额：</td></tr>
<tr><td colspan="4">期末未缴税额：</td></tr>
</table>

以下由税务机关填写

受理人（签章）： 受理日期： 年 月 日 受理税务机关（章）：

表3-2　　　　　　　　酒类应税消费品消费税纳税申报表

税款所属期：　　年　月　日至　年　月　日

纳税人名称：（公章）　　　　纳税人识别号（统一社会信用代码）：□□□□□□□□□□□□□□□□□□

填表日期：　　年　月　日　　　　　　　　　　　　　　　　金额单位：元（列至角分）

项目 应税消费品名称	适用税率		销售数量	销售额	应纳税额
	定额税率	比例税率			
粮食白酒	0.5元/500克	20%			
薯类白酒	0.5元/500克	20%			
啤酒	250元/吨	—			
啤酒	220元/吨	—			
黄酒	240元/吨	—			
其他酒	—	10%			
合计	—	—	—	—	

本期准予抵减税额： 本期减（免）税额： 期初未缴税额：	声　明 此纳税申报表是根据国家税收法律的规定填报的，我确定它是真实的、可靠的、完整的。 经办人（签章）： 财务负责人（签章）： 联系电话：
本期缴纳前期应纳税额： 本期预缴税额： 本期应补（退）税额： 期末未缴税额：	（如果你已委托代理人申报，请填写） 授权声明 为代理一切税务事宜，现授权________（地址）__________为本纳税人的代理申报人，任何与本申报表有关的往来文件，都可寄与此人。 授权人签章：

以下由税务机关填写

受理人（签章）：　　　　受理日期：　　年　月　日　　　　受理税务机关（章）：

表3-3　　　　　　　　其他应税消费品消费税纳税申报表

税款所属期：　　　年　月　日至　　年　月　日

纳税人名称：（公章）　　　　纳税人识别号（统一社会信用代码）：□□□□□□□□□□□□□□□□□□

填表日期：　　年　月　日　　　　　　　　　　　　　　　　金额单位：元（列至角分）

项目 应税消费品名称	适用税率	销售数量	销售额	应纳税额
合　计	—	—	—	

<table>
<tr><td>本期准予抵减税额：</td><td rowspan="3">声　明
此纳税申报表是根据国家税收法律的规定填报的，我确定它是真实的、可靠的、完整的。
经办人（签章）：
财务负责人（签章）：
联系电话：</td></tr>
<tr><td>本期减（免）税额：</td></tr>
<tr><td>期初未缴税额：</td></tr>
<tr><td>本期缴纳前期应纳税额：</td><td rowspan="4">（如果你已委托代理人申报，请填写）
授权声明
为代理一切税务事宜，现授权________（地址）___________为本纳税人的代理申报人，任何与本申报表有关的往来文件，都可寄与此人。
授权人签章：</td></tr>
<tr><td>本期预缴税额：</td></tr>
<tr><td>本期应补（退）税额：</td></tr>
<tr><td>期末未缴税额：</td></tr>
</table>

以下由税务机关填写

受理人（签章）：　　　　　　受理日期：　年　月　日　　　　受理税务机关（章）：

附：最新消费税及附加税费申报表及其附表

自2021年8月1日起，消费税分别与城市维护建设税、教育费附加、地方教育附加申报表整合，启用“消费税及附加税费申报表”及其附表。主表“消费税及附加税费申报表”，见表3-4；附表“本期准予扣除税额计算表”，见表3-5；附表“本期准予扣除税额计算表”，见表3-6；附表“本期减（免）税额明细表”，见表3-7；附表“本期委托加工收回情况报告表”，见表3-8；附表“卷烟批发企业月份销售明细清单”，见表3-9；附表“卷烟生产企业合作生产卷烟消费税情况报告表”，见表3-10；附表“消费税附加税费计算表”，见表3-11。

表3-4　　消费税及附加税费申报表

税款所属期：自　年　月　日至　年　月　日

纳税人识别号（统一社会信用代码）：□□□□□□□□□□□□□□□□□□□□□□□□

纳税人名称：　　金额单位：人民币元（列至角分）

项目 应税消费品名称	适用税率		计量单位	本期销售数量	本期销售额	本期应纳税额
	定额税率	比例税率				
	1	2	3	4	5	6=1×4+2×5
合计	—	—	—	—	—	
				栏次	本期税费额	
本期减（免）税额				7		
期初留抵税额				8		
本期准予扣除税额				9		
本期应扣除税额				10=8+9		
本期实际扣除税额				11［10〈（6-7），则为10，否则为6-7］		
期末留抵税额				12=10-11		
本期预缴税额				13		
本期应补（退）税额				14=6-7-11-13		
城市维护建设税本期应补（退）税额				15		
教育费附加本期应补（退）费额				16		
地方教育附加本期应补（退）费额				17		

声明：此表是根据国家税收法律法规及相关规定填写的，本人（单位）对填报内容（及附带资料）的真实性、可靠性、完整性负责。

纳税人（签章）：　　年　月　日

经办人： 经办人身份证号： 代理机构签章： 代理机构统一社会信用代码：	受理人： 受理税务机关（章）： 受理日期：　年　月　日

表 3-5　　本期准予扣除税额计算表　　金额单位：元（列至角分）

准予扣除项目 \ 应税消费品名称								合计
一、本期准予扣除的委托加工应税消费品已纳税款计算		期初库存委托加工应税消费品已纳税款	1					
		本期收回委托加工应税消费品已纳税款	2					
		期末库存委托加工应税消费品已纳税款	3					
		本期领用不准予扣除委托加工应税消费品已纳税款	4					
		本期准予扣除委托加工应税消费品已纳税款	5=1+2-3-4					
二、本期准予扣除的外购应税消费品已纳税款计算	（一）从价计税	期初库存外购应税消费品买价	6					
		本期购进应税消费品买价	7					
		期末库存外购应税消费品买价	8					
		本期领用不准予扣除外购应税消费品买价	9					
		适用税率	10					
		本期准予扣除外购应税消费品已纳税款	11=（6+7-8-9）×10					
	（二）从量计税	期初库存外购应税消费品数量	12					
		本期外购应税消费品数量	13					
		期末库存外购应税消费品数量	14					
		本期领用不准予扣除外购应税消费品数量	15					
		适用税率	16					
		计量单位	17					
		本期准予扣除的外购应税消费品已纳税款	18=（12+13-14-15）×16					
三、本期准予扣除税款合计			19=5+11+18					

表 3-6 本期准予扣除税额计算表

（成品油消费税纳税人适用）

金额单位：元（列至角分）

一、扣除税额及库存计算

扣除油品类别	上期库存数量	本期外购入库数量	委托加工收回连续生产数量	本期准予扣除数量	本期准予扣除税额	本期领用未用于连续生产不准予扣除数量	期末库存数量
1	2	3	4	5=3+4	6	7	8=2+3+4−5−7
汽油							
柴油							
石脑油							
润滑油							
燃料油							
合计							

二、润滑油基础油 （废矿物油）和变性燃料乙醇领用存

产品名称	上期库存数量	本期入库数量	本期生产领用数量	期末库存数量
1	2	3	4	5=2+3−4
润滑油基础油（废矿物油）				
变性燃料乙醇				

表 3-7 本期减（免）税额明细表

金额单位：元（列至角分）

项目 应税消费品名称	减（免）性质代码	减（免）项目名称	减（免）税销售额	适用税率（从价定率）	减（免）税销售数量	适用税率（从量定额）	减（免）税额
1	2	3	4	5	6	7	8=4×5+6×7
出口免税	—	—	—	—	—	—	—
合计	—	—	—	—	—	—	

表 3-8 本期委托加工收回情况报告表

一、委托加工收回应税消费品代收代缴税款情况 金额单位：元（列至角分）

应税消费品名称	商品和服务税收分类编码	委托加工收回应税消费品数量	委托加工收回应税消费品计税价格	适用税率		受托方已代收代缴的税款	受托方（扣缴义务人）名称	受托方（扣缴义务人）识别号	税收缴款书（代扣代收专用）号码	税收缴款书（代扣代收专用）开具日期
				定额税率	比例税率					
1	2	3	4	5	6	7=3×5+4×6	8	9	10	11

二、委托加工收回应税消费品领用存情况

应税消费品名称	商品和服务税收分类编码	上期库存数量	本期委托加工收回入库数量	本期委托加工收回直接销售数量	本期委托加工收回用于连续生产数量	本期结存数量
1	2	3	4	5	6	7=3+4-5-6

表 3-9 卷烟批发企业月份销售明细清单

（卷烟批发环节消费税纳税人适用） 金额单位：元（列至角分）

卷烟条包装商品条码	卷烟牌号规格	卷烟类别	卷烟类型	销售价格	销售数量	销售额	备注
1	2	3	4	5	6	7	8

表 3-10 卷烟生产企业合作生产卷烟消费税情况报告表

（卷烟生产环节消费税纳税人适用） 金额单位：元（列至角分）

品牌输出方		品牌输入方		卷烟条包装商品条码	卷烟牌号规格	销量	销售价格	销售额	品牌输入方已缴纳税款
企业名称	统一社会信用代码	企业名称	统一社会信用代码						
1	2	3	4	5	6	7	8	9	10
合计									

表 3-11 消费税附加税费计算表 金额单位：元（列至角分）

税（费）种	计税（费）依据	税（费）率（征收率）（%）	本期应纳税（费）额	本期减免税（费）额		本期是否适用增值税小规模纳税人“六税两费”减征政策		本期已缴税（费）额	本期应补（退）税（费）额
						□是 □否			
	消费税税额			减免性质代码	减免税（费）额	减征比例（%）	减征额		
	1	2	3=1×2	4	5	6	7=（3-5）×6	8	9=3-5-7-8
城市维护建设税									
教育费附加									
地方教育附加									
合计	—	—		—		—			

项目四

关税

一、单项选择题

1.依据关税的有关规定，下列各项中不应计入完税价格的是（　　）。

A.为进口货物支付的包装劳务费

B.为进口货物支付的商标权使用费

C.为进口货物支付的进口关税

D.为进口货物支付的除购货佣金以外的佣金和经纪费

2.我国关税由（　　）征收。

A.税务机关　　B.海关

C.市场监督管理部门　　D.人民政府

3.下列各项说法正确的是（　　）。

A.进口关税只能用CIF价格计算　　B.进口关税只能用FOB价格计算

C.出口货物的完税价格不含关税　　D.关税与消费税的会计处理相同

4.因收、发货人或其代理人违反规定而造成的少征或漏征的税款，自纳税人应缴纳税款之日起，海关在（　　）年内可以追征。

A.1　　B.2　　C.3　　D.5

5.《中华人民共和国海关法》（以下简称《海关法》）规定，进口货物的完税价格由海关以进口货物的（　　）为基础审定完税价格。

A.离岸价格　　B.到岸价格　　C.申报价格　　D.实际成交价格

6.某单位将一台设备运往国外修理，在按海关规定的期限内复运进境时，此项设备的到岸价格为150万元，其原出境时同类设备的到岸价格经海关审定为130万元，海关审定的该设备正常的修理费和料件费为30万元。假设该设备进口关税税率为5%，则该设备复运进境时，应缴纳的进口关税为（　　）万元。

A.7.5　　B.6.5　　C.1.5　　D.1

7.海关于2020年10月8日（星期四）填发税款缴款书，纳税义务人最迟应于（　　）缴纳税款，才可避免被罚滞纳金。

A.10月23日　　B.10月24日　　C.10月25日　　D.10月26日

8.出口货物的完税价格为（　　）。

A.离岸价格

B.离岸价格÷（1+出口关税税率）–单独列明的支付给境外的佣金

C.离岸价格÷（1–出口关税税率）

D.（离岸价格+运输费+保险费）÷（1+出口关税税率）

9.商品流通企业自营进口业务，按规定计算的进口关税，其会计分录为（　　）。

A.借：应收账款

　　贷：应交税费——应交出口关税

B.借：材料采购

　　贷：应交税费——应交进口关税

C.借：应交税费——应交出口关税

贷：银行存款

D.借：应收账款

贷：应交税费——应交进口关税

10.代理出口受托方计缴出口关税的会计分录是（　　）。

A.借：应收账款

贷：应交税费——应交出口关税

B.借：税金及附加

贷：应交税费——应交出口关税

C.借：应交税费——应交出口关税

贷：银行存款

D.借：应收账款

贷：应交税费——应交进口关税

二、多项选择题

1.按征税货物流向划分，可将关税分为（　　）。

A.进口税　　B.出口税

C.过境税　　D.进口附加税

2.下列各项不计入进口货物完税价格的有（　　）。

A.买方为购买进口货物向自己的采购代理人支付的劳务费用

B.设备进口后的维修服务费用

C.货物运抵我国境内输入地起卸后的运输装卸费

D.为进口货物支付的包装材料费

3.关税的纳税人包括（　　）。

A.进口货物的收货人　　B.出口货物的发货人

C.进境个人邮件的收件人　　D.携带进境物品的携带人

4.进口货物的成交价格不符合规定条件的，或者成交价格不能确定的，海关依次以（　　）方法估定该货物的完税价格。

A.相同货物的成交价格估定

B.类似货物的成交价格估定

C.最大销售总量

D.计算估价

E.合理估价

5.下列各项未包括在进口货物的实付或者应付价格中，应当计入完税价格的有（　　）。

A.由买方负担的除购货佣金以外的佣金和经纪费

B.由买方负担的在审查确定完税价格时与该货物视为一体的容器费用

C.由买方负担的包装材料和包装劳务费用

D.卖方直接或间接从买方对该货物进口后转售、处置或使用所得中获得的收益

6.下列各项中能与该货物实付或者应付价格区分，不得计入完税价格的有（　　）。

A.厂房、机械、设备等货物进口后的基建、安装、装配、维修和技术服务的费用
B.货物运抵境内输入地点之后的运输费用、保险费和其他相关费用
C.进口关税及其他国内税收
D.由买方负担的包装材料和包装劳务费用
7.下列各项是进境物品的纳税义务人的有（　　）。
A.携带物品进境的入境人员
B.进境邮递物品的收件人
C.以其他方式进口物品的收件人
D.进境物品的邮寄人
8.关税除从量税和从价税外，按计征方法还可分为（　　）。
A.混合税　B.滑准税　C.过境税　D.选择税
9.我国进口关税税率有（　　）。
A. 最惠国税率　B. 协定税率　C. 特惠税率　D. 暂定税率
E. 配额税率　F. 普通税率
10.行李和邮递物品的进口税包含（　　）。
A.关税　B.增值税　C.消费税　D.城市维护建设税

三、判断题

1.根据关税的缴纳时间规定，进口货物自运输工具申报进境之日起15日内，向海关申报纳税，并于海关填发税款专用缴款书之日起14日内缴纳税款。（　　）

2.一国的关境和国境总是一致的。（　　）

3.进出口货物完税后，由于海关方面的原因造成的少征或者漏征税款，海关可以自缴纳税款或者货物进口之日起3年内，向收发货人或他们的代理人补征。（　　）

4.海关审定的进口货物的成交价格，指买方进口该货物实付、应付的价格总额，包括直接支付的价款和间接支付的价款。（　　）

5.对已征出口关税的出口货物和已征进口关税的进口货物，原状复运进境或出境的，经海关查验属实的，也应退还已征关税。（　　）

6.《海关法》赋予海关对滞纳关税的纳税人强制执行的权力。强制措施指强制扣缴和变价抵缴两种。（　　）

7.关税税额在人民币50元以下的一票货物，可免征关税。（　　）

8.关税完税价格，即货物的实际成交价。（　　）

9.关税完税价格不包含购货佣金。（　　）

10.出口货物的完税价格由海关以该货物向境外销售的成交价格为基础审查确定，包括货物运至我国境内输出地点装卸前的运输费、保险费，但不包括出口关税。（　　）

四、简答题

1.关境与国境有什么区别？

2.按照关税的差别，可以将关税分为哪几类？

3.什么是关税政策？可以分为哪两类？

五、实务题

1.某具有进出口经营权的商贸公司，为增值税一般纳税人。该公司进口货物一批，货物以离岸价格成交，成交价折合人民币1 660万元，另支付货物运抵我国海港的运费、保险费等35万元。假设该货物适用的关税税率为20%，增值税税率为13%。

要求：计算进口环节应缴纳的关税和增值税税额。

2.某中国进出口公司进口1辆小轿车，每辆小轿车的成交价格折合人民币7万元，支付运抵我国输入地点的运费及保险费共计4万元。已知小轿车的关税税率为25%，消费税税率为12%，增值税税率为13%。

要求：计算进口环节应缴纳的关税和增值税税额。

3.某进出口公司出口某种货物10件，每件重25千克，成交价格为CFR香港50 000元人民币。已申报运费为每千克35元，出口关税税率为15%。

要求：计算出口环节应缴纳的关税税额。

4.某公司从英国某地进口一批货物，当地售价折合人民币800 000元，运抵我国上海口岸支付包装费折合人民币8 000元、运费折合人民币50 000元、保险费折合人民币12 800元、各种手续费折合人民币2 000元，该批进口货物的关税税率为20%。

要求：计算进口环节应缴纳的关税税额。

六、综合实训题

【实训资料】

企业名称：唐山利嘉有限责任公司

企业性质：有限责任公司（一般纳税人）

企业地址及电话：唐山市建设路120号　0315-××××××××

企业所属行业：有进出口经营权的制造业

开户银行：工行建设路支行

纳税人识别号（统一社会信用代码）：130203000020000008

2021年8月10日，公司从澳大利亚进口铁矿石10 000吨，进口货物许可证号为6852324828，批准文号为092813626，进口铁矿石的FOB价格为每吨100美元，运费为300 000美元，保险费费率为3%，运输方式为江海运输，运输工具名称为BUEKCY 110/452。25日，货物到达我国京唐港口岸，提货单号为KHCLB 268686，税务员张剑持相关材料到海关进行报关，海关编号为10626899。进口铁矿石的关税税率为10%，外汇牌价为1美元=6.43元人民币。

【实训要求】

填制进口货物报关单及缴款书（见表4-1和表4-2）。

表 4-1

中华人民共和国海关进口货物报关单

预录入编号：　　　　海关编号：　　　　（××海关）　　　　页码/页数：

境内收货人	进境关别	进口日期	申报日期	备案号
境外发货人	运输方式	运输工具名称及航次号	提运单号	货物存放地点
消费使用单位	监管方式	征免性质	许可证号	启运港
合同协议号	贸易国（地区）	启运国（地区）	经停港	入境口岸

包装种类	件数	毛重（千克）	净重（千克）	成交方式	运费	保费	杂费

随附单证及编号
标记唛码及备注

项号	商品编号	商品名称及规格型号	数量及单位	单价/总价/币制	原产国（地区）	最终目的国（地区）	境内目的地	征免

报关人员 申报单位	报关人员证号	电话	兹申明对以上内容承担如实申报、依法纳税之法律责任 申报单位（签章）	海关批注及签章

表 4-2 海关进（出）口关税专用缴款书（收据联）

收入系统： 填发日期： 年 月 日 No.

<table>
<tr><td rowspan="3">收款单位</td><td>收入机关</td><td colspan="3"></td><td rowspan="3">缴款单位（人）</td><td>名 称</td><td></td></tr>
<tr><td>科 目</td><td></td><td>预算级次</td><td></td><td>账 号</td><td></td></tr>
<tr><td>收缴国库</td><td colspan="3"></td><td>开户银行</td><td></td></tr>
</table>

<table>
<tr><td>税号</td><td>货物名称</td><td>数量</td><td>单位</td><td>完税价格（￥）</td><td>税率（%）</td><td>税款金额（￥）</td></tr>
<tr><td></td><td></td><td></td><td></td><td></td><td></td><td></td></tr>
<tr><td colspan="5">金额人民币（大写）</td><td>合计（￥）</td><td></td></tr>
</table>

<table>
<tr><td>申请单位编号</td><td></td><td>报关单编号</td><td></td><td>填制单位</td><td>收缴国库（银行）</td></tr>
<tr><td>合同（批文）号</td><td></td><td>运输工具号</td><td></td><td rowspan="3">制单人____
复核人____</td><td rowspan="3"></td></tr>
<tr><td>缴款日期</td><td>年 月 日</td><td>提/装货单号</td><td></td></tr>
<tr><td>备注</td><td colspan="3">一般征税
国际代码</td></tr>
</table>

第一联：（收据）国库收款签章后交缴款单位或缴款人

项目五

企业所得税

一、单项选择题

1. 纳税人通过国内非营利的社会团体、国家机关的公益性捐赠，在年度（　　）12%以内的部分准予扣除。

A. 收入总额　　B. 利润总额
C. 应纳税所得额　　D. 应纳所得税税额

2. 在计算企业所得税应纳税所得额时，不允许从收入总额中扣除的税种是（　　）。

A. 房产税　　B. 消费税　　C. 增值税　　D. 土地增值税

3. 某工业生产企业有从业人员85人，资产总额为2 800万元，全年销售额为1 520万元，成本为600万元，税金及附加为460万元，按规定列支各种费用400万元。已知上述成本费用中包括新产品开发费80万元。该企业当年应纳所得税额为（　　）万元。

A.15　　B.19.8　　C.1　　D.6.6

4. 在一个纳税年度内，居民企业技术转让所得不超过（　　）万元的部分，免征企业所得税；超过部分，减半征收企业所得税。

A.5　　B.500　　C.20　　D.10

5. 小型微利工业企业，必须符合年度应纳税所得额不超过（　　）万元，从业人数不超过（　　）人，资产总额不超过（　　）万元。

A.300，100，5 000　　B.300，80，5 000
C.300，300，3 000　　D.300，300，5 000

6. 下列各项准予从收入总额中扣除的项目是（　　）。

A. 资本性支出　　B. 无形资产开发未形成资产的部分
C. 违法经营的罚款支出　　D. 各项税收滞纳金、罚金、罚款支出

7. 根据《中华人民共和国企业所得税法》等有关规定，不得提取折旧的固定资产是（　　）。

A. 以经营租赁方式租出的固定资产　　B. 以融资租赁方式租入的固定资产
C. 以经营租赁方式租入的固定资产　　D. 季节性停用的机器设备

8. 下列各项不计入企业所得税应纳税所得额的是（　　）。

A. 企业债券利息收入　　B. 外单位欠款付给的利息收入
C. 购买国债的利息收入　　D. 银行存款利息收入

9. 按照现行企业所得税的有关规定，证券公司电子类设备的最短折旧年限为（　　）年。

A.20　　B.10　　C.5　　D.3

10. 某企业2020年营业收入为3 000万元，广告费支出为500万元，业务宣传费支出为20万元，则2020年准予税前扣除的广告费和业务宣传费合计（　　）万元。

A.295　　B.465　　C.450　　D.387.5

11. 企业来源于境外所得已在境外实际缴纳的所得税税款，在汇总纳税并按规定计算扣除限额时，如果境外实际缴纳的税款超过扣除限额，对超过部分的处理方法是（　　）。

A.列为当年费用支出

B.从本年的应纳所得税额中扣除

C.用以后年度税额扣除的余额补扣，补扣期限最长不得超过5年

D.从以后年度境外所得中扣除

12.纳税人在纳税年度内无论盈利或亏损，都应当在年度终了后（　　）内，向其所在地主管税务机关报送年度会计报表和所得税申报表。

A.15日　　B.45日　　C.5个月　　D.60日

13.纳税人以前年度发生亏损，可以弥补的金额是（　　）。

A.企业申报的亏损额

B.税务机关按税收规定核定调整后的金额

C.企业财务报表的账面金额

D.企业自己核定的亏损额

14.除国务院、税务主管部门另有规定外，《中华人民共和国企业所得税法》规定，固定资产计算折旧的最低年限为（　　）。

A.房屋、建筑物25年

B.与生产经营活动有关的器具、工具、家具、电子设备等5年

C.飞机、火车、轮船、机器、机械和其他生产设备10年

D.飞机、火车、轮船以外的运输工具6年

15.某小型微利企业，经主管税务部门核定，2020年度应纳税所得额为200万元，上一年度亏损50万元，则本年度该企业应纳所得税额为（　　）万元。

A.15　　B.20　　C.30　　D.40

16.甲居民企业2020年全年销售收入为4 000万元，实际支付业务招待费为30万元，则准予税前列支的招待费为（　　）万元。

A.18　　B.20　　C.30　　D.2

17.若上述甲居民企业2020年产品销售收入为1 200万元，视同销售收入为400万元，债务重组收益为100万元，成本费用总额为1 600万元，其中业务招待费支出20万元，则该企业在计算当年应纳税所得额时，业务招待费准予扣除的数额为（　　）万元。

A.6　　B.8　　C.8.5　　D.12

18.某企业2020年实现利润100万元，通过民政局向灾区捐款20万元，则准予税前列支的捐赠额为（　　）万元。

A.20　　B.12　　C.30　　D.8

19.纳税人破产清算时，下列各项应当作为纳税年度计算清算所得的是（　　）。

A.当年1月1日至清算开始日期　　B.当年1月1日至清算结束日期

C.当年1月1日至12月31日　　D.清算期间

20.企业2020年度的利润总额为100万元，当年度发生符合条件的扶贫方面的公益性捐赠15万元，发生符合条件的教育方面的公益性捐赠12万元，则2020年度该企业的公益性捐赠支出税前扣除限额为（　　）万元。

A.27　　B.10.2　　C.8.76　　D.12

21. 甲公司采用资产负债表债务法核算企业所得税，2017年年末“递延所得税负债”账户的贷方余额为330万元，适用的企业所得税税率为33%，2018年年初企业所得税税率改为25%，本期新增应纳税暂时性差异350万元，甲公司2018年“递延所得税负债”账户的本期发生额为（　　）万元。

A. 借记7.5　　B. 贷记7.5

C. 贷记6　　D. 借记6

22. 乙公司采用资产负债表债务法核算企业所得税，2017年年末“递延所得税资产”账户的借方余额为660万元，适用的企业所得税税率为33%，2018年年初企业所得税税率改为25%，本期转回可抵扣的暂时性差异300万元，乙公司2018年“递延所得税资产”账户的本期发生额为（　　）。

A. 借记3 000 000　　B. 贷记2 350 000

C. 贷记3 000 000　　D. 借记2 350 000

23. 根据税收规定，下列各项中不属于企业所得税纳税人的是（　　）。

A. 事业单位　　B. 合伙企业

C. 社会团体　　D. 民办非企业单位

24. 某公司2020年支出的下列保险费中，在计算企业所得税应纳税所得额时不得扣除的是（　　）。

A. 为职工缴纳的基本社会保险费

B. 为企业的厂房、机器设备缴纳的财产保险费

C. 为投资者缴纳的商业保险费

D. 在合理职工工资总额5%范围内为职工缴纳的补充医疗保险费

25.2019年4月1日，某创业投资企业采取股权投资方式向未上市的取得高新技术企业资格的甲中小企业投资120万元，股权持有至2021年6月1日。该企业2021年利润总额为1 500万元，假定本年度不存在其他纳税调整事项，则2021年应纳企业所得税为（　　）万元。

A.375　　B.354　　C.345　　D.291

二、多项选择题

1. 下列各项中，在会计利润的基础上应调整增加应纳税所得额的项目有（　　）。

A. 职工教育经费支出超标准　　B. 利息费用支出超标准

C. 公益性捐赠超标准　　D. 查补的消费税

2. 下列各项中，在会计利润的基础上应调整减少应纳税所得额的项目有（　　）。

A. 查补的消费税　　B. 多提的职工福利费

C. 国库券利息收入　　D. 多列的无形资产摊销费

3. 根据《中华人民共和国企业所得税法》《中华人民共和国企业所得税法实施条例》的规定，工业企业要享受小型微利企业的优惠税率，必须同时符合的条件有（　　）。

A. 年度应纳税所得额不超过300万元　　B. 从事加工业

C.从业人数不超过300人　　D.资产总额不超过5 000万元

4.在资产负债表债务法下，应设置的科目有（　　）。

A.“所得税费用”　　B.“应交税费——应交所得税”

C.“递延所得税资产”　　D.“应交所得税”

5.下列各项说法正确的有（　　）。

A.企业从事国家重点扶持的公共基础设施项目的投资经营的所得，自项目取得第一笔生产经营收入所属纳税年度起，实行“三免三减半”（即第一年至第三年免征企业所得税，第四年至第六年减半征收企业所得税）

B.企业从事符合条件的环境保护、节能节水项目的所得，自项目取得第一笔生产经营收入所属纳税年度起，实行“三免三减半”

C.企业从事以《资源综合利用企业所得税优惠目录》规定的资源作为主要原材料，生产国家非限制和禁止并符合国家和行业相关标准的产品取得的收入，减按90%计入收入总额

D.企业从事开发新技术、新产品、新工艺发生的研究开发费用，未形成无形资产的计入当期损益，在按照规定据实扣除的基础上，按照研究开发费用的75%加计扣除；形成无形资产的，按照无形资产成本的175%摊销

6.具备高新技术企业或科技型中小企业资格（2018年）的企业，关于年度亏损，下列各项说法正确的有（　　）。

A.2018年具备资格的高新技术企业或科技型中小企业，无论2013年至2017年是否具备资格，其2013年至2017年发生的尚未弥补完的亏损，均准予结转以后年度弥补，最长结转年限为10年

B.2018年以后年度具备资格的企业，发生的年度亏损均准予结转以后年度弥补，最长结转年限为10年

C.2018年具备资格的高新技术企业或科技型中小企业，其2013年至2017年发生的尚未弥补完的亏损，不准结转以后年度弥补

D.2018年以后年度具备资格的企业，发生的年度亏损均准予结转以后年度弥补，最长结转年限为5年

7.下列各项可以税前扣除的有（　　）。

A.广告性的赞助支出

B.纳税人逾期归还银行贷款，银行按规定加收的罚息

C.纳税人为雇员向商业保险机构投保的人寿保险

D.纳税人参加的财产和运输保险

8.下列各项不会影响递延所得税资产的有（　　）。

A.资产减值准备的计提

B.非公益性捐赠支出

C.国债利息收入

D.税务上对使用寿命不确定的无形资产执行不超过10年的摊销标准

9.某生产企业（一般纳税人）因意外事故损失原材料30万元，保险公司同意赔付

4万元，其余损失已报经税务机关审批扣除，则该企业确定应纳税所得额时的正确做法有（ ）。

A.税前准予扣除的损失为26万元

B.税前准予扣除的损失为31.1万元

C.税前不得扣除的损失为4万元

D.损失原材料而转出的进项税额准予在所得税税前扣除

10.下列各项有关所得税的表述中，正确的有（ ）。

A.当负债的账面价值大于计税基础时，会产生可抵扣暂时性差异

B.在计算应税所得时，新增可抵扣暂时性差异额应追加税前会计利润

C.在计算应税所得时，转回应纳税暂时性差异额应抵减当期税前会计利润

D.所有长期资产的减值计提均会导致产生可抵扣暂时性差异

11.关于集成电路生产企业有关企业所得税的优惠政策，下列各项表述正确的有（ ）。

A.国家鼓励的集成电路线宽小于28纳米（含），且经营期在15年以上的集成电路生产企业或项目，第1年至第10年免征企业所得税

B.国家鼓励的集成电路线宽小于65纳米（含），且经营期在15年以上的集成电路生产企业或项目，第1年至第5年免征企业所得税，第6年至第10年按照25%的法定税率减半征收企业所得税

C.国家鼓励的集成电路线宽小于130纳米（含），且经营期在10年以上的集成电路生产企业或项目，第1年至第2年免征企业所得税，第3年至第5年按照25%的法定税率减半征收企业所得税

D.国家鼓励的线宽小于130纳米（含）的集成电路生产企业，属于国家鼓励的集成电路生产企业清单年度之前5个纳税年度发生的尚未弥补完的亏损，准予向以后年度结转，总结转年限最长不得超过10年

12.下列各项关于小型微利企业计税表述正确的有（ ）。

A.对年应纳税所得额不超过100万元的部分，减按25%计入应纳税所得额，按20%的税率缴纳企业所得税

B.对年应纳税所得额超过100万元但不超过300万元的部分，减按50%计入应纳税所得额，按20%的税率缴纳企业所得税

C.对年应纳税所得额不超过100万元的部分，减按25%计入应纳税所得额，按25%的税率缴纳企业所得税

D.对年应纳税所得额超过100万元但不超过300万元的部分，减按50%计入应纳税所得额，按25%的税率缴纳企业所得税

13.下列各项关于企业所得税纳税年度的表述中正确的有（ ）。

A.纳税年度自公历1月1日至12月31日

B.依法清算时，应当以清算期间作为一个纳税年度

C.在一个纳税年度中间开业，应当以实际经营期为一个纳税年度

D.纳税年度自公历7月1日至次年6月30日

14. 小微企业的从业人数和资产总额指标，应按企业全年的季度平均值确定。具体计算公式为（　　）。

A. 季度平均值 =（季初值 + 季末值）÷2

B. 全年季度平均值 = 全年各季度平均值之和÷4

C. 季度平均值 = 全年各季度平均值之和÷4

D. 全年季度平均值 =（1季度季初值+4季度季末值）÷2

15. 采用资产负债表债务法核算企业所得税时，影响当期所得税费用的因素有（　　）。

A. 本期发生的暂时性差异所产生的递延所得税负债

B. 本期转回的暂时性差异所产生的递延所得税资产

C. 本期发生的暂时性差异所产生的递延所得税资产

D. 本期转回的暂时性差异所产生的递延所得税负债

16. 自2021年1月1日起，关于制造业企业的研发费用，下列各项表述正确的有（　　）。

A. 未形成无形资产的，在据实扣除的基础上加计100%扣除

B. 形成无形资产的，按照无形资产成本的200%摊销

C. 未形成无形资产的，在据实扣除的基础上加计75%扣除

D. 形成无形资产的，按照无形资产成本的175%摊销

17. 关于科技型中小企业的研发费用，下列各项表述正确的有（　　）。

A. 未形成无形资产的，在据实扣除的基础上加计50%扣除

B. 形成无形资产的，按照无形资产成本的150%摊销

C. 未形成无形资产的，在据实扣除的基础上加计75%扣除

D. 形成无形资产的，按照无形资产成本的175%摊销

18. 对经认定的技术先进型服务企业，减按15%的税率征收企业所得税。技术先进型服务企业必须同时符合的条件包括（　　）。

A. 在中国境内注册的法人企业

B. 具有大专以上学历的员工占企业职工总数的50%以上

C. 技术先进型服务业务取得的收入占企业当年总收入的50%以上

D. 从事离岸服务外包业务取得的收入不低于企业当年总收入的35%

19. 下列各项关于企业所得税纳税申报的表述正确的有（　　）。

A. 企业应当自月度或者季度终了之日起15日内，向税务机关报送预缴企业所得税纳税申报表，预缴税款

B. 企业年度中间终止经营活动的，应当自实际终止之日起30日内，向税务机关办理企业所得税汇算清缴

C. 企业应当自年度终了之日起4个月内，向税务机关报送年度企业所得税纳税申报表，并汇算清缴

D. 在办理注销登记前，就其清算所得向税务机关申报并依法缴纳企业所得税

20. 预缴所得税可以按照月（季）度的实际利润数预缴，也可以按照（　　）预缴。

A. 上一纳税年度应纳税所得额的1/12

B. 自行确定的方法

C. 上一纳税年度应纳税所得额的1/4

D. 税务机关认可的其他方法

三、判断题

1. 企业所得税的纳税人不仅包括法人企业，还包括个人独资企业和合伙企业。（ ）

2. 利息收入和股息收入一样，均应缴纳企业所得税。（ ）

3. 在计征企业所得税时，广告宣传费可以在税前扣除，而非广告性质的赞助费不允许税前扣除。（ ）

4. 企业取得的所有技术服务收入均可暂免征收企业所得税。（ ）

5. 资产的账面价值大于其计税基础或者负债的账面价值小于其计税基础的，产生可抵扣暂时性差异。（ ）

6. 纳税人在生产、经营期间的借款利息支出作为费用，在计算应纳税所得额时，可以按实际发生数扣除。（ ）

7. 自2021年1月1日起，制造业企业研发费用加计扣除比例由75%提高到100%。（ ）

8. 自2019年1月1日起，全部制造业领域固定资产采用加速折旧法计提折旧。（ ）

9. 确定应纳税所得额时，对企业生产、经营期间，向经中国人民银行批准从事金融业务的非银行金融机构借款的利息支出，可按照实际发生额从税前扣除。（ ）

10. 纳税人来源于境外的所得在境外实际缴纳的所得税税款，准予在汇总纳税时从其应纳税额中扣除；其在境外发生的亏损也可用境内的利润弥补。（ ）

11. 具备高新技术企业或科技型中小企业资格的企业，其具备资格年度之前5个年度发生的尚未弥补完的亏损，均准予结转以后年度弥补，最长结转年限为10年。（ ）

12. 企业接受其他单位的捐赠物资，不计入应纳税所得额。（ ）

13. 确认由可抵扣暂时性差异产生的递延所得税资产，应当以未来期间很可能取得的用来抵扣可抵扣暂时性差异的应纳税所得额为限。（ ）

14. 无论是企业境外业务之间的盈亏还是境内外业务之间的盈亏，都可以相互弥补。（ ）

15. 小微企业中月销售额在15万元以下（含本数）的增值税小规模纳税人，免征增值税。（ ）

16. 纳税人缴纳的增值税不得在企业所得税前扣除，但按当期缴纳的增值税计算的城市维护建设税和教育费附加，准予在所得税前扣除。（ ）

17. 在采用资产负债表债务法进行所得税会计核算时，应将由于时间性差异对未来所得税的影响金额，作为一项递延所得税资产或负债。（ ）

18. 企业销售货物给购买方的折扣，销售额与折扣额在同一张发票上注明的，应按折扣后的销售额计征增值税、消费税和企业所得税。（ ）

19.企业所得税应当分国、分项计算企业来源于境外的所得在我国的扣除限额。（ ）

20.提取坏账准备金的企业，在计算企业所得税应纳税所得额时，实际发生的坏账损失大于已提取的坏账准备金的部分，不能在发生当期直接扣除。（ ）

四、简答题

1.企业所得税的应纳税所得额与企业的利润总额有什么关系？

2.在计算企业所得税时，哪些项目允许在税前全额扣除？哪些项目允许在税前限额扣除？哪些项目不允许税前扣除？

3.什么是企业所得税纳税人？如何确定居民企业和非居民企业？两者在纳税上有什么不同？

4.计算企业所得税时，哪些税金允许直接从收入总额中扣除？

5.不征税收入与免税收入有何不同？哪些收入属于不征税收入？哪些收入属于免税收入？

6.什么是计税基础？资产的计税基础和负债的计税基础是如何确定的？

7.什么是暂时性差异？应纳税暂时性差异和可抵扣暂时性差异有什么不同？

8.应付税款法与资产负债表债务法有什么不同？

五、实务题

1.某家电生产企业是增值税一般纳税人，2019年度经税务机关确认的亏损为60万元。2020年发生下列业务：

（1）取得销售收入6 000万元；债券利息收入150万元，其中国债利息收入40万元。销售成本为3 100万元，缴纳增值税600万元、城市维护建设税和教育费附加60万元。

（2）发生销售费用1 200万元，其中广告费和业务宣传费1 000万元。

（3）发生财务费用200万元，其中支付向非银行金融机构借款2 000万元的1年利息150万元，同期银行贷款利率为6%。

（4）发生管理费用800万元，其中用于新产品、新工艺研制而实际支出的研发费用为200万元。

（5）购置节能节水设备，价款500万元。

要求：计算该企业2020年全年应纳所得税额。

2.假定某企业为居民企业，2020年经营业务如下：

（1）取得销售收入2 500万元。

（2）发生销售成本1 100万元。

（3）发生销售费用670万元，其中广告费450万元；发生管理费用480万元，其中业务招待费15万元；发生财务费用60万元。

（4）发生销售税金160万元，其中增值税120万元。

（5）取得营业外收入70万元。发生营业外支出50万元，其中通过公益性社会团体向贫困山区捐款30万元；支付税收滞纳金6万元。

（6）计入成本、费用中的实发工资总额为200万元，拨缴职工工会经费5万元、职工福利费30万元、职工教育经费17万元。

要求：计算该企业2020年度实际应纳所得税额。

3. 某企业2020年度应纳税所得额为100万元，适用的企业所得税税率为25%。另外，该企业分别在A、B两国（A、B两国与我国已经缔结避免双重征税协定）设有分支机构，在A国分支机构的应纳税所得额为50万元，A国企业所得税税率为20%；在B国分支机构的应纳税所得额为30万元，B国企业所得税税率为35%。在A、B两国分别缴纳10万元和10.5万元的所得税。

要求：计算该企业全年应纳所得税额。

4. 假定甲企业2020年度利润总额为1 500万元，适用的企业所得税税率为25%。该企业2020年账面价值与计税基础之间的差异包括下列事项（见表5-1）：①交易性金融资产公允价值增加140万元；②计提固定资产减值准备400万元；③因售后服务预计费用220万元。另外，发生国债利息收入100万元，税收滞纳金120万元。

表5-1　2020年账面价值与计税基础之间的差异　单位：万元

项目	账面价值	计税基础
交易性金融资产	440	300
固定资产	600	1 000
预计负债	220	0
合计	1 260	1 300

要求：

（1）计算该企业2020年应纳所得税额；

（2）用资产负债表债务法进行账务处理。

5. 某企业2014—2018年暂时性差异是因固定资产折旧方法不同所致，即企业在计算税前会计利润时采用直线法，在申报所得税时采用年数总和法，相关纳税资料见表5-2。前两年所得税税率为33%，后3年所得税税率为25%。

表5-2　相关纳税资料　单位：万元

年份	税前利润	直线法下折旧费	年数总和法下折旧费
2014	100	90	150
2015	250	90	120
2016	300	90	90
2017	380	90	60
2018	470	90	30
合计	—	450	450

要求：用资产负债表债务法编制该企业2014—2018年有关所得税的会计分录。

六、综合实训题

【实训资料】

企业名称：唐山盛华股份有限公司

企业性质：国有企业（一般纳税人）

企业地址及电话：唐山市西山道84号　0315-2843216

企业所属行业：工业企业

开户银行及账号：工行西山道分理处　45689××××××××××××××

纳税人识别号（统一社会信用代码）：130203000110002233

2020年度企业发生如下经济业务：

（1）取得销售收入8 000万元。

（2）发生销售成本4 500万元。

（3）发生销售费用1 400万元，管理费用1 500万元，财务费用60万元。

（4）发生销售税金350万元（含增值税260万元）。

（5）取得营业外收入100万元，发生营业外支出80万元。

2021年4月，税务机关在对企业所得税汇算清缴时，发现下列问题：

（1）企业全年实发工资1 200万元（其中，生产人员工资500万元，管理人员工资600万元，销售人员工资100万元），提取了工会经费30万元、职工福利费190万元、职工教育经费101万元。

（2）收入总额中含确实无法偿付的应付款项50万元，国债利息收入12万元，财政补贴收入5万元。

（3）企业全年发生业务招待费50万元，广告费和业务宣传费1 250万元。

（4）企业全年提取了存货跌价准备2.5万元。

（5）通过民政部门向灾区捐款60万元。

（6）本年发生“三新”研发费用120万元（其中，研发人员工资40万元、材料费用80万元）。

（7）支付税收滞纳金5万元。

（8）本年已预缴所得税100万元。

【实训要求】

（1）计算唐山盛华股份有限公司2020年度应纳所得税额。

（2）编制2021年度企业所得税纳税申报表，见表5-3至表5-12。

表 5-3　　中华人民共和国企业所得税年度纳税申报表（A 类）　　金额单位：元

行次	类别	项　　目	金　额
1	利润总额计算	一、营业收入（填写 A101010\101020\103000）	
2		减：营业成本（填写 A102010\102020\103000）	
3		减：税金及附加	
4		减：销售费用（填写 A104000）	
5		减：管理费用（填写 A104000）	
6		减：财务费用（填写 A104000）	
7		减：资产减值损失	
8		加：公允价值变动收益	
9		加：投资收益	
10		二、营业利润（1-2-3-4-5-6-7+8+9）	
11		加：营业外收入（填写 A101010\101020\103000）	
12		减：营业外支出（填写 A102010\102020\103000）	
13		三、利润总额（10+11-12）	
14	应纳税所得额计算	减：境外所得（填写 A108010）	
15		加：纳税调整增加额（填写 A105000）	
16		减：纳税调整减少额（填写 A105000）	
17		减：免税、减计收入及加计扣除（填写 A107010）	
18		加：境外应税所得抵减境内亏损（填写 A108000）	
19		四、纳税调整后所得（13-14+15-16-17+18）	
20		减：所得减免（填写 A107020）	
21		减：弥补以前年度亏损（填写 A106000）	
22		减：抵扣应纳税所得额（填写 A107030）	
23		五、应纳税所得额（19-20-21-22）	
24	应纳税额计算	税率（25%）	
25		六、应纳所得税额（23×24）	
26		减：减免所得税额（填写 A107040）	
27		减：抵免所得税额（填写 A107050）	
28		七、应纳税额（25-26-27）	
29		加：境外所得应纳所得税额（填写 A108000）	
30		减：境外所得抵免所得税额（填写 A108000）	
31		八、实际应纳所得税额（28+29-30）	
32		减：本年累计实际已缴纳的所得税额	
33		九、本年应补（退）所得税额（31-32）	
34		其中：总机构分摊本年应补（退）所得税额（填写 A109000）	
35		财政集中分配本年应补（退）所得税额（填写 A109000）	
36		总机构主体生产经营部门分摊本年应补（退）所得税额（填写 A109000）	

表 5-4　　一般企业收入明细表　　单位：元

行次	项目	金额
1	一、营业收入（2+9）	
2	（一）主营业务收入（3+5+6+7+8）	
3	1.销售商品收入	
4	其中：非货币性资产交换收入	
5	2.提供劳务收入	
6	3.建造合同收入	
7	4.让渡资产使用权收入	
8	5.其他	
9	（二）其他业务收入（10+12+13+14+15）	
10	1.销售材料收入	
11	其中：非货币性资产交换收入	
12	2.出租固定资产收入	
13	3.出租无形资产收入	
14	4.出租包装物和商品收入	
15	5.其他	
16	二、营业外收入（17+18+19+20+21+22+23+24+25+26）	
17	（一）非流动资产处置利得	
18	（二）非货币性资产交换利得	
19	（三）债务重组利得	
20	（四）政府补助利得	
21	（五）盘盈利得	
22	（六）捐赠利得	
23	（七）罚没利得	
24	（八）确实无法偿付的应付款项	
25	（九）汇兑收益	
26	（十）其他	

表 5-5　一般企业成本支出明细表　单位：元

行次	项目	金额
1	一、营业成本（2+9）	
2	（一）主营业务成本（3+5+6+7+8）	
3	1.销售商品成本	
4	其中：非货币性资产交换成本	
5	2.提供劳务成本	
6	3.建造合同成本	
7	4.让渡资产使用权成本	
8	5.其他	
9	（二）其他业务成本（10+12+13+14+15）	
10	1.销售材料成本	
11	其中：非货币性资产交换成本	
12	2.出租固定资产成本	
13	3.出租无形资产成本	
14	4.包装物出租成本	
15	5.其他	
16	二、营业外支出（17+18+19+20+21+22+23+24+25+26）	
17	（一）非流动资产处置损失	
18	（二）非货币性资产交换损失	
19	（三）债务重组损失	
20	（四）非常损失	
21	（五）捐赠支出	
22	（六）赞助支出	
23	（七）罚没支出	
24	（八）坏账损失	
25	（九）无法收回的债券股权投资损失	
26	（十）其他	

表 5-6　　　　　　　　　　　　　**期间费用明细表**　　　　　　　　　　　　单位：元

行次	项目	销售费用	其中：境外支付	管理费用	其中：境外支付	财务费用	其中：境外支付
		1	2	3	4	5	6
1	一、职工薪酬		*		*	*	*
2	二、劳务费					*	*
3	三、咨询顾问费					*	*
4	四、业务招待费		*		*	*	*
5	五、广告费和业务宣传费		*		*	*	*
6	六、佣金和手续费						
7	七、资产折旧摊销费		*		*	*	*
8	八、财产损耗、盘亏及毁损损失		*		*	*	*
9	九、办公费		*		*	*	*
10	十、董事会费		*		*	*	*
11	十一、租赁费					*	*
12	十二、诉讼费		*		*	*	*
13	十三、差旅费		*		*	*	*
14	十四、保险费		*		*	*	*
15	十五、运输、仓储费					*	*
16	十六、修理费					*	*
17	十七、包装费		*		*	*	*
18	十八、技术转让费					*	*
19	十九、研究费用					*	*
20	二十、各项税费		*		*	*	*
21	二十一、利息收支	*	*	*	*		
22	二十二、汇兑差额	*	*	*	*		
23	二十三、现金折扣	*	*	*	*		*
24	二十四、党组织工作经费	*	*		*	*	*
25	二十五、其他						
26	合计（1+2+3+…+25）						

表 5-7　纳税调整项目明细表　单位：元

行次	项目	账载金额	税收金额	调增金额	调减金额
		1	2	3	4
1	一、收入类调整项目（2+3+…8+10+11）				
2	（一）视同销售收入（填写 A105010）				
3	（二）未按权责发生制原则确认的收入（填写 A105020）				
4	（三）投资收益（填写 A105030）				
5	（四）按权益法核算长期股权投资对初始投资成本调整确认收益				
6	（五）交易性金融资产初始投资调整				
7	（六）公允价值变动净损益				
8	（七）不征税收入				
9	其中：专项用途财政性资金（填写 A105040）				
10	（八）销售折扣、折让和退回				
11	（九）其他				
12	二、扣除类调整项目（13+14+…24+26+27+28+29+30）				
13	（一）视同销售成本（填写 A105010）				
14	（二）职工薪酬（填写 A105050）				
15	（三）业务招待费支出				
16	（四）广告费和业务宣传费支出（填写 A105060）				
17	（五）捐赠支出（填写 A105070）				
18	（六）利息支出				
19	（七）罚金、罚款和被没收财物的损失				
20	（八）税收滞纳金、加收利息				
21	（九）赞助支出				
22	（十）与未实现融资收益相关在当期确认的财务费用				
23	（十一）佣金和手续费支出（保险企业填写 A105060）				
24	（十二）不征税收入用于支出所形成的费用				
25	其中：专项用途财政性资金用于支出所形成的费用（填写 A105040）				
26	（十三）跨期扣除项目				
27	（十四）与取得收入无关的支出				

续表

行次	项目	账载金额	税收金额	调增金额	调减金额
		1	2	3	4
28	（十五）境外所得分摊的共同支出				
29	（十六）党组织工作经费				
30	（十七）其他				
31	三、资产类调整项目（32+33+34+35）				
32	（一）资产折旧、摊销（填写A105080）				
33	（二）资产减值准备金				
34	（三）资产损失（填写A105090）				
35	（四）其他				
36	四、特殊事项调整项目（37+38+…+43）				
37	（一）企业重组及递延纳税事项（填写A105100）				
38	（二）政策性搬迁（填写A105110）				
39	（三）特殊行业准备金（39.1+39.2+39.4+39.5+39.6+39.7）				
39.1	1.保险公司保险保障基金				
39.2	2.保险公司准备金				
39.3	其中：已发生未报案未决赔款准备金				
39.4	3.证券行业准备金				
39.5	4.期货行业准备金				
39.6	5.中小企业融资（信用）担保机构准备金				
39.7	6.金融企业、小额贷款公司准备金（填写A105120）				
40	（四）房地产开发企业特定业务计算的纳税调整额（填写 A105010）				
41	（五）合伙企业法人合伙人应分得的应纳税所得额				
42	（六）发行永续债利息支出				
43	（七）其他				
44	五、特别纳税调整应税所得				
45	六、其他				
46	合计（1+12+31+36+44+45）				

表 5-8　　职工薪酬支出及纳税调整明细表　　单位：元

行次	项目	账载金额	实际发生额	税收规定扣除率	以前年度累计结转扣除额	税收金额	纳税调整金额	累计结转以后年度扣除额
		1	2	3	4	5	6（1-5）	7（2+4-5）
1	一、工资薪金支出			*	*			*
2	其中：股权激励			*	*			*
3	二、职工福利费支出				*			*
4	三、职工教育经费支出			*				
5	其中：按税收规定比例扣除的职工教育经费							
6	按税收规定全额扣除的职工培训费用				*			*
7	四、工会经费支出				*			*
8	五、各类基本社会保障性缴款			*	*			*
9	六、住房公积金			*	*			*
10	七、补充养老保险				*			*
11	八、补充医疗保险				*			*
12	九、其他			*	*			*
13	合计（1+3+4+7+8+9+10+11+12）			*				

表 5-9　　广告费和业务宣传费跨年度纳税调整明细表　　单位：元

行次	项目	广告费和业务宣传费	保险企业手续费及佣金支出
		1	2
1	一、本年支出		
2	减：不允许扣除的支出		
3	二、本年符合条件的支出（1-2）		
4	三、本年计算扣除限额的基数		
5	乘：税收规定扣除率		
6	四、本企业计算的扣除限额（4×5）		
7	五、本年结转以后年度扣除额（3＞6，本行=3-6；3≤6，本行=0）		
8	加：以前年度累计结转扣除额		
9	减：本年扣除的以前年度结转额[3＞6，本行=0；3≤6，本行=8与（6-3）孰小值]		
10	六、按照分摊协议归集至其他关联方的金额（10≤3与6孰小值）		*
11	按照分摊协议从其他关联方归集至本企业的金额		*
12	七、本年支出纳税调整金额（3＞6，本行=2+3-6+10-11；3≤6，本行=2+10-11-9）		
13	八、累计结转以后年度扣除额（7+8-9）		

表 5-10　　捐赠支出及纳税调整明细表　　单位：元

行次	项目	账载金额	以前年度结转可扣除的捐赠额	按税收规定计算的扣除限额	税收金额	纳税调增金额	纳税调减金额	可结转以后年度扣除的捐赠额
		1	2	3	4	5	6	7
1	一、非公益性捐赠		*	*	*		*	*
2	二、限额扣除的公益性捐赠（3+4+5+6）							
3	前三年度（　　年）	*		*	*	*		*
4	前二年度（　　年）	*		*	*	*		
5	前一年度（　　年）	*		*	*	*		
6	本年（　　年）							
7	三、全额扣除的公益性捐赠							
8	1.							
9	2.							
10	3.							
11	合计（1+2+7）							
附列资料	2015年度至本年发生的公益性扶贫捐赠合计金额							

表 5-11　　免税、减计收入及加计扣除优惠明细表　　单位：元

行次	项目	金额
1	一、免税收入（2+3+8+9+…+15）	
2	（一）国债利息收入免征企业所得税	
3	（二）符合条件的居民企业之间的股息、红利等权益性投资收益免征企业所得税（4+5+6+7+8）	
4	其中：内地居民企业通过沪港通投资且连续持有H股满12个月取得的股息红利所得免征企业所得税	
5	内地居民企业通过深港通投资且连续持有H股满12个月取得的股息红利所得免征企业所得税	
6	居民企业持有创新企业CDR取得的股息红利所得免征企业所得税	
7	符合条件的居民企业之间属于股息红利性质的永续债利息收入免征企业所得税	
8	（三）符合条件的非营利组织的收入免征企业所得税	
9	（四）中国清洁发展机制基金取得的收入免征企业所得税	
10	（五）投资者从证券投资基金分配中取得的收入免征企业所得税	

续表

行次	项目	金额
11	（六）取得的地方政府债券利息收入免征企业所得税	
12	（七）中国保险保障基金有限责任公司取得的保险保障基金等收入免征企业所得税	
13	（八）中国奥委会取得北京冬奥组委支付的收入免征企业所得税	
14	（九）中国残奥委会取得北京冬奥组委分期支付的收入免征企业所得税	
15	（十）其他	
16	二、减计收入（17+18+22+23）	
17	（一）综合利用资源生产产品取得的收入在计算应纳税所得额时减计收入	
18	（二）金融、保险等机构取得的涉农利息、保费减计收入（20+21+22）	
19	1.金融机构取得的涉农贷款利息收入在计算应纳税所得额时减计收入	
20	2.保险机构取得的涉农保费收入在计算应纳税所得额时减计收入	
21	3.小额贷款公司取得的农户小额贷款利息收入在计算应纳税所得额时减计收入	
22	（三）取得铁路债券利息收入减半征收企业所得税	
23	（四）其他（23.1+23.2）	
23.1	1.取得的社区家庭服务收入在计算应纳税所得额时减计收入	
23.2	2.其他	
24	三、加计扣除（25+26+27+28）	
25	（一）开发新技术、新产品、新工艺发生的研究开发费用加计扣除（填写A107012）	
26	（二）科技型中小企业开发新技术、新产品、新工艺发生的研究开发费用加计扣除（填写A107012）	
27	（三）企业为获得创新性、创意性、突破性的产品进行创意设计活动而发生的相关费用加计扣除	
28	（四）安置残疾人员所支付的工资加计扣除	
29	四、所得减免（30+33+34+35+36+37+38+39+40）	
30	（一）从事农、林、牧、渔业项目的所得减免征收企业所得税（31+32）	
31	1.免税项目	
32	2.减半征收项目	
33	（二）从事国家重点扶持的公共基础设施项目投资经营的所得定期减免企业所得税	
33.1	其中：从事农村饮水安全工程新建项目投资经营的所得定期减免企业所得税	
34	（三）从事符合条件的环境保护、节能节水项目的所得定期减免企业所得税	
35	（四）符合条件的技术转让所得减免征收企业所得税	
36	（五）实施清洁发展机制项目的所得定期减免企业所得税	
37	（六）符合条件的节能公司实施合同能源管理项目的所得定期减免企业所得税	
38	（七）线宽小于130纳米的集成电路生产项目的所得减免企业所得税	
39	（八）线宽小于65纳米或投资额超过150亿元的集成电路生产项目的所得减免企业所得税	
40	（九）其他	
41	合计（1+16+24+29）	

表 5-12　　研发费用加计扣除优惠明细表　　单位：元

基本信息			
1	□ 一般企业　□ 科技型中小企业	科技型中小企业登记编号	
2	本年可享受研发费用加计扣除项目数量		
研发活动费用明细			
3	一、自主研发、合作研发、集中研发（4+8+17+20+24+35）		
4	（一）人员人工费用（5+6+7）		
5	1. 直接从事研发活动人员工资薪金		
6	2. 直接从事研发活动人员五险一金		
7	3. 外聘研发人员的劳务费用		
8	（二）直接投入费用（9+10+…+16）		
9	1. 研发活动直接消耗材料费用		
10	2. 研发活动直接消耗燃料费用		
11	3. 研发活动直接消耗动力费用		
12	4. 用于中间试验和产品试制的模具、工艺装备开发及制造费		
13	5. 用于不构成固定资产的样品、样机及一般测试手段购置费		
14	6. 用于试制产品的检验费		
15	7. 用于研发活动的仪器、设备的运行维护、调整、检验、维修等费用		
16	8. 通过经营租赁方式租入的用于研发活动的仪器、设备租赁费		
17	（三）折旧费用（18+19）		
18	1. 用于研发活动的仪器的折旧费		
19	2. 用于研发活动的设备的折旧费		
20	（四）无形资产摊销（21+22+23）		
21	1. 用于研发活动的软件的摊销费用		
22	2. 用于研发活动的专利权的摊销费用		
23	3. 用于研发活动的非专利技术（包括许可证、专有技术、设计和计算方法等）的摊销费用		
24	（五）新产品设计费等（25+26+27+28）		
25	1. 新产品设计费		
26	2. 新工艺规程制定费		
27	3. 新药研制的临床试验费		
28	4. 勘探开发技术的现场试验费		

续表

行次	项目	金额（数量）
29	（六）其他相关费用（30+31+32+33+34）	
30	1.技术图书资料费、资料翻译费、专家咨询费、高新科技研发保险费	
31	2.研发成果的检索、分析、评议、论证、鉴定、评审、评估、验收费用	
32	3.知识产权的申请费、注册费、代理费	
33	4.职工福利费、补充养老保险费、补充医疗保险费	
34	5.差旅费、会议费	
35	（七）经限额调整后的其他相关费用	
36	二、委托研发［（37−38）×80%］	
37	委托外部机构或个人进行研发活动所发生的费用	
38	其中：委托境外机构进行研发活动发生的费用	
39	三、年度研发费用小计（3+36）	
40	（一）本年费用化金额	
41	（二）本年资本化金额	
42	四、本年形成无形资产摊销额	
43	五、以前年度形成无形资产本年摊销额	
44	六、允许扣除的研发费用合计（40+42+43）	
45	减：特殊收入部分	
46	七、允许扣除的研发费用抵减特殊收入后的金额（44−45）	
47	减：当年销售研发活动直接形成产品（包括组成部分）对应的材料部分	
48	减：以前年度销售研发活动直接形成产品（包括组成部分）对应材料部分结转金额	
49	八、加计扣除比例	
50	九、本年研发费用加计扣除总额（46−47−48）×49	
51	十、销售研发活动直接形成产品（包括组成部分）对应材料部分结转以后年度扣减金额（当46−47−48≥0，本行＝0；当46−47−48＜0，本行＝46−47−48的绝对值）	

项目六
个人所得税

一、单项选择题

1. 自2019年1月1日起，居民个人的综合所得，以每一纳税年度的收入额减除费用（　　）万元，以及专项扣除、专项附加扣除和依法确定的其他扣除后的余额，为应纳税所得额。

A.6　　B.5　　C.8　　D.12

2. 对企事业单位承包经营、承租经营所得必要费用的扣除是指（　　）。

A. 生产、经营成本

B. 收入总额的20%

C. 按月扣除5 000元

D. 从收入总额中扣除800元或定额扣除20%

3. 个人进行公益、救济性质的捐赠，从应纳税所得额中扣除的最高比例为（　　）。

A.30%　　B.3%　　C.80%　　D.100%

4. 股息、利息、红利、偶然所得的应纳税所得额是（　　）。

A. 每年收入额　　B. 每季度收入额

C. 每次收入额　　D. 每月收入额

5. 两人或两人以上共同取得同一项目收入的计税方法为（　　）。

A. 先分后扣再税　　B. 先扣后税再分

C. 先分后税　　D. 先税后分

6. 下列关于大病医疗个人所得税专项附加扣除的说法中，正确的有（　　）。

A. 在一个纳税年度内，纳税人发生的与医保相关的医药费用支出，扣除医保报销后个人负担（指医保目录范围内的自费部分）累计超过15 000元的部分，由纳税人在办理汇算清缴时，在60 000元标准限额内据实扣除

B. 纳税人发生的医药费用支出可以选择由本人或者其配偶扣除，子女发生的医药费用支出可以选择其父母一方扣除

C. 在一个纳税年度内，纳税人发生的与医保相关的医药费用支出，扣除医保报销后个人负担（指医保目录范围内的自费部分）累计超过10 000元的部分，由纳税人在办理汇算清缴时，在60 000元标准限额内据实扣除

D. 在一个纳税年度内，纳税人发生的与医保相关的医药费用支出，扣除医保报销后个人负担（指医保目录范围内的自费部分）累计超过15 000元的部分，由纳税人在办理汇算清缴时，在80 000元标准限额内据实扣除

7. 某居民张某2021年1月工资、薪金所得18 000元，本月支付子女教育支出1 000元、赡养老人支出2 000元、三险一金2 800元，应预缴个人所得税（　　）元。

A.216　　B.366　　C.430　　D. 500

8. 依据个人所得税法规定，对个人转让有价证券取得的所得，属于（　　）征税项目。

A. 偶然所得　　B. 财产转让所得

C. 股息、红利所得　　D. 特许权使用费所得

9. 个人兼职取得的收入应按照（　　）应税项目缴纳个人所得税。

A. 工资、薪金所得　　B. 劳务报酬所得

C. 财产转让所得　　D. 其他所得

10. 我国非居民约翰2021年8月从我国取得税前工资25 000元、稿酬收入10 000元，则约翰该月应纳个人所得税（　　）元。

A.2 940　　B.4 190　　C.1 720　　D.1 890

11. 居民个人工资薪金所得，适用（　　）的超额累进税率。

A.5%～55%　　B. 5%～35%　　C. 3%～45%　　D.20%～40%

12. 某居民2021年8月取得稿酬所得20 000元，应预缴个人所得税（　　）元。

A.3 840　　B. 3 360　　C. 2 240　　D.3 072

13. 某居民2021年6月取得劳务报酬所得40 000元，应预缴个人所得税（　　）元。

A.3 840　　B.7 600　　C.5 340　　D.2 240

14. 下列所得中，采取定额和定率相结合扣除费用的是（　　）。

A. 工资薪金所得　　B. 财产转让所得　　C. 稿酬所得　　D. 偶然所得

15. 单位在代扣代缴个人所得税时，应设置（　　）科目进行会计核算。

A. “应交税费——应交个人所得税”

B. “留存收益”

C. “应交税费——代扣个人所得税”

D. “其他业务收入”

二、多项选择题

1. 个人所得税的纳税人包括（　　）。

A. 在中国境内有住所的个人　　B. 个体工商户

C. 个人独资企业　　D. 在中国境内有所得的境外人员

2. 依据税法的规定，纳税人需要办理年度汇算的情形包括（　　）。

A. 综合所得收入全年超过12万元且需要补税金额超过400元的

B. 已预缴税额大于年度应纳税额且申请退税的

C. 纳税年度内预缴税额低于应纳税额

D. 纳税人申请退税

3. 下列各项所得，在计算个人所得税时不得减除费用的有（　　）。

A. 股息、利息、红利所得　　B. 稿酬所得

C. 劳务报酬所得　　D. 偶然所得

4. 下列各项所得中适用20%比例税率的有（　　）。

A. 财产租赁所得　　B. 财产转让所得

C. 稿酬所得　　D. 个体工商户的生产、经营所得

5. 个人所得税的纳税人分为居民纳税人和非居民纳税人，依据的标准有（　　）。

A. 境内有无住所　　B. 境内工作时间

C. 取得收入的工作地　　D. 境内居住时间

6.下列各项实行超额累进税率的所得有（　　）。

A.工资、薪金所得

B.稿酬所得

C.个体工商户的生产、经营所得

D.对企事业单位的承包经营、承租经营所得

7.下列各项应按偶然所得征收个人所得税的有（　　）。

A.存款利息所得　　B.有奖销售中奖所得

C.转让股票所得　　D.购福利彩票中奖所得

8.根据个人所得税法的规定，下列各项说法正确的有（　　）。

A.劳务报酬所得按月征收

B.稿酬所得按次征收

C.个人在同一活动中兼有不同劳务报酬所得的，应合并各项所得统一纳税

D.特许权使用费所得是以一项特许权的一次许可使用所取得的收入为一次所得

9.个人所取得的下列所得中，如果每次收入不超过4 000元，费用扣除800元的有（　　）。

A.特许权使用费所得　　B.财产租赁所得

C.财产转让所得　　D.个体工商户生产、经营所得

10.非居民取得（　　）所得，适用3%~45%的超额累进税率。

A.工资、薪金所得　　B.劳务报酬所得

C.稿酬所得　　D.特许权使用费所得

11.下列各项免征个人所得税的有（　　）。

A.购物抽奖所获奖金　　B.省级电台有奖竞猜所获奖金

C.举报所获奖金　　D.省级政府颁发的科技奖金

12.下列各项所得属于稿酬所得的有（　　）。

A.图书出版收入　　B.翻译资料收入

C.作品连载收入　　D.剧本收入

13.目前个人所得税的征收方式主要有（　　）。

A.代扣代缴　　B.邮寄申报

C.定额征收　　D.自行申报

14.下列各项关于住房贷款利息支出，个人所得税专项附加扣除的说法中，正确的有（　　）。

A.纳税人本人或配偶使用商业银行或住房公积金个人住房贷款为本人或其配偶购买住房，发生的首套住房贷款利息支出，在偿还贷款期间，可以按照每年13 200元（每月1 100元）标准定额扣除，扣除期最长不超过240个月

B.纳税人只能享受一套首套住房贷款利息扣除，非首套住房贷款利息支出，纳税人不得扣除

C.经夫妻双方约定，可以选择由其中一方扣除，具体扣除方式在一个纳税年度内不得变更

D.纳税人应当留存住房贷款合同、贷款还款支出凭证

15.下列各项适用5%~35%的超额累进税率的有（　　）。

A.个体工商户的生产、经营所得

B.对企事业单位的承包经营、承租经营所得

C.劳务报酬所得

D.个人独资企业及合伙企业

16.下列各项按月或按次预扣预缴个人所得税的有（　　）。

A.利息、股息、红利所得　　B.劳务报酬所得

C.稿酬所得　　D.特许权使用费所得

17.居民个人“四项”综合所得按年纳税，其中专项附加扣除包括（　　）。

A.子女教育支出　　B.继续教育支出

C.大病医疗支出　　D.住房贷款利息支出

E.住房租金支出　　F.赡养老人支出

18.个人所得税专项附加扣除关于子女教育支出的部分中，学历教育包括（　　）

A.义务教育　　B.高中阶段教育

C.高等教育　　D.继续教育

19.个人所得税专项附加扣除关于赡养老人支出的说法，可以按照（　　）标准定额扣除。

A.纳税人为独生子女的，按照每月2 000元的标准定额扣除

B.纳税人为非独生子女的，应当与其兄弟姐妹分摊，每月2 000元的扣除额度，但每月最高扣除1 000元

C.纳税人赡养2个及以上老人的，不按老人人数加倍扣除

D.纳税人赡养2个及以上老人的，应按老人人数加倍扣除

20.李先生为中国香港居民，在深圳工作，每周一早上来深圳上班，周五晚上回香港。李先生全年在境内居住天数为（　　）天，是我国的（　　）纳税人。

A.156　　B.255　　C.居民　　D.非居民

21.下列各项免征个人所得税的有（　　）。

A.对一次中奖收入未超过10 000元的

B.个人取得单张有奖发票奖金所得未超过800元的

C.个人举报、协查各种违法、犯罪行为而获得的奖金

D.个人转让自用达5年以上，并且是唯一的家庭生活居住用房取得的所得

22.纳税人本人及配偶在纳税人的主要工作城市没有住房，而在主要工作城市租赁住房发生的租金支出，可以按照下列各项标准定额扣除的有（　　）。

A.承租的住房位于直辖市、省会城市、计划单列市以及国务院确定的其他城市，扣除标准为每年18 000元（每月1 500元）

B.承租的住房位于其他城市的，市辖区户籍人口超过100万的，扣除标准为每年13 200元（每月1 100元）

C.承租的住房位于其他城市的，市辖区户籍人口不超过100万（含）的，扣除标

准为每年9 600元（每月800元）

D.承租的住房位于其他城市的，市辖区户籍人口超过100万的，扣除标准为每年12 000元（每月1 000元）

23.自2021年1月1日起，对同时符合下列条件的居民个人（　　），扣缴义务人在预扣预缴本年度工资、薪金所得个人所得税时，累计减除费用自1月份起直接按照全年6万元计算扣除。

A.上一纳税年度1—12月均在同一单位任职且预扣预缴申报了工资薪金所得的个人所得税

B.上一纳税年度1—12月的累计工资薪金收入（包括全年一次性奖金等各类工资薪金所得，且不扣减任何费用及免税收入）不超过6万元

C.本纳税年度自1月起，仍在该单位任职受雇并取得工资薪金所得

D.扣缴义务人应当按照规定办理全员全额扣缴申报，并在“个人所得税扣缴申报表”相应纳税人的备注栏注明“上年各月均有申报且全年收入不超过60 000元”字样

24.自2021年1月1日起，对同时符合下列条件的居民个人（　　），扣缴义务人在预扣预缴本年度劳务报酬所得的个人所得税时，累计减除费用自1月份起直接按照全年6万元计算扣除。

A.上一纳税年度1—12月均在同一单位取酬且按照累计预扣预缴法申报了劳务报酬所得的个人所得税

B.上一纳税年度1—12月的累计劳务报酬（不扣减任何费用及免税收入）不超过6万元

C.本纳税年度自1月起，仍在该单位取得按照累计预扣法预扣预缴税款的劳务报酬所得

D.上一纳税年度1—12月的累计劳务报酬（不扣减任何费用及免税收入）不超过8万元

25.按照累计预扣法预扣预缴劳务报酬所得的个人所得税的居民个人，如保险营销员和证券经纪人，需同时满足的条件包括（　　）。

A.上一纳税年度1—12月均在同一单位取酬且按照累计预扣法预扣预缴申报了劳务报酬所得的个人所得税

B.上一纳税年度1—12月的累计劳务报酬（不扣减任何费用及免税收入）不超过6万元

C.本纳税年度自1月起，仍在该单位取得按照累计预扣法预扣预缴税款的劳务报酬所得

D.上一纳税年度1—12月的累计劳务报酬（不扣减任何费用及免税收入）超过6万元

26.居民个人应当按照下列方法计算当期境外所得应纳税额的有（　　）。

A.来源于中国境外的综合所得，应当与境内综合所得合并计算应纳税额

B.来源于中国境外的经营所得，应当与境内经营所得合并计算应纳税额

C.来源于中国境外的利息、股息、红利所得，财产租赁所得，财产转让所得和偶然所得（以下称其他分类所得），不与境内所得合并，应当分别单独计算应纳税额

D.除国务院财政、税务主管部门另有规定外，来源于中国境外一个国家（地区）的综合所得抵免限额、经营所得抵免限额及其他所得抵免限额之和，为来源于该国家（地区）所得的抵免限额

27.居民个人在综合所得中扣除公益捐赠支出的相关规定包括（　　）。

A.居民个人取得工资、薪金的，可以选择在预扣预缴时扣除，也可以选择在年度汇算清缴时扣除

B.居民个人选择在预扣预缴时扣除的，应按照累计预扣法计算扣除限额

C.居民个人取得劳务报酬所得、稿酬所得、特许权使用费所得的，预扣预缴时不扣除公益捐赠支出，统一在汇算清缴时扣除

D.居民个人取得全年一次性奖金、股权激励等所得，且按规定采取不并入综合所得而单独计税的，公益捐赠支出扣除比照分类所得的扣除规定

28.居民个人在转让过程中缴纳的税金，主要包括（　　）。

A.城市维护建设税　　B.教育费附加

C.土地增值税　　D.印花税

29.个体工商户发生的不允许税前扣除的项目包括（　　）。

A.税收滞纳金　　B.各种非广告性质支出

C.个人和家庭的支出　　D.罚金、罚款

30.居民个人扣除公益捐赠支出的相关规定包括（　　）。

A.居民个人发生的公益捐赠支出可以在财产租赁所得，财产转让所得，利息、股息、红利所得，偶然所得，综合所得或者经营所得中扣除。在当期一个所得项目扣除不完的公益捐赠支出，可以按规定在其他所得项目中继续扣除

B.居民个人发生的公益捐赠支出，在综合所得或者经营所得中扣除的，扣除限额分别为当年综合所得、当年经营所得应纳税所得额的30%；在分类所得中扣除的，扣除限额为当月分类所得应纳税所得额的30%

C.居民个人根据各项所得的收入、公益捐赠支出、适用税率等情况，自行决定在综合所得、分类所得、经营所得中扣除的公益捐赠支出的顺序

D.居民个人取得工资、薪金的，可以选择在预扣预缴时扣除，也可以选择在年度汇算清缴时扣除

三、判断题

1.根据税法的规定，纳税人从中国境外取得的所得，准予其在应纳税额中据实扣除已在境外缴纳的个人所得税。（　　）

2.个人与用人单位解除劳动关系取得一次性补偿，在当地上年职工平均工资3倍数额以内的部分，免征个人所得税；超过3倍数额的部分，不并入当年综合所得，单独适用综合所得税率表，计算纳税。（　　）

3. 居民个人从两处或两处以上取得的工资、薪金所得，由扣缴义务人办理专项附加扣除的，纳税人只能选择从其中一处扣除。（　）

4. 实行查账征收的个人独资、合伙企业的投资者缴纳个人所得税，应按年计算，分季预缴，由投资者在每季度终了后15日内预缴，年度终了后3个月内汇算清缴、多退少补。（　）

5. 个人将其所得用于教育、扶贫、济困等公益慈善事业捐赠，其捐赠扣除限额为应纳税所得额的30%。（　）

6. 李某承包某单位商店，按承包协议的规定，向发包方每年支付承包费10万元后，一切经营成果均归李某所有。对李某取得所得应按照“工资、薪金所得”项目计算缴纳个人所得税。（　）

7. 居民个人取得的全年一次性奖金，在2021年12月31日前可以选择并入当年综合所得纳税。但自2022年1月1日起，必须并入当年综合所得纳税计税。（　）

8. 某日本公民于2019年5月1日至2020年10月30日在中国境内工作，该日本公民不是我国个人所得税的居民纳税人。（　）

9. 同一作品在报刊连载取得收入的，以连载一个月内取得的收入为一次所得。（　）

10. 个人取得不同项目劳务报酬所得的，应当合并为一次所得计算缴纳个人所得税。（　）

11. 个人从单位取得的年终加薪、劳动分红，应视同股息、红利征税。（　）

12. 居民纳税人，从中国境内和境外取得的所得，依法缴纳个人所得税；非居民纳税人，从中国境外取得的所得，免征个人所得税。（　）

13. 自2022年1月1日起，外籍个人不再享受住房补贴、语言训练费、子女教育费津贴补贴免税优惠政策，应按规定享受专项附加扣除。（　）

14. 无住所个人一个纳税年度内在中国境内累计居住天数，按照个人在中国境内累计停留的天数计算。在中国境内停留的当天满24小时的，计入中国境内居住天数；否则，不计入。（　）

15. 企业按规定代扣代缴个人所得税时，应借记“应交税费——代扣个人所得税”科目，贷记“应付职工薪酬”科目。（　）

16. 个人以图书报刊方式出版同一作品，无论出版社是预付还是分批支付稿酬，或者加印该作品后再付稿酬，都应合并为一次征税。（　）

17. 目前我国个人所得税采取单位源泉扣缴和个人自行申报两种方式。（　）

18. 偶然所得应缴纳的个人所得税，一律由发放单位或机构代扣代缴。（　）

19. 个体工商户生产、经营所得，在计提个人所得税时应通过“所得税费用”科目和“应交税费——应交个人所得税”科目核算。（　）

20. 居民个人的专项扣除、专项附加扣除和依法确定的其他扣除，以居民个人一个纳税年度的应纳税所得额为限额；一个纳税年度扣除不完的，不结转以后年度扣除。（　）

21.个人购买单张有奖发票奖金所得不超过800元（含）的，暂免征收个人所得税。（ ）

22.个人购买社会福利有奖募捐奖券、体育彩票一次中奖收入不超过10 000元的，暂免征收个人所得税。（ ）

23.个人从公开发行和转让市场取得的上市公司股票，持股期限超过1年的，股息、红利所得暂免征收个人所得税。（ ）

24.个人转让自用达5年以上，并且是唯一的家庭生活居住用房取得的所得暂免征收个人所得税。（ ）

25.个人因公务用车和通信制度改革而取得的公务用车、通信补贴收入，扣除一定标准的公务费用后，按照“工资、薪金所得”计征个人所得税。（ ）

四、简答题

1.什么是个人所得税的纳税人？如何区分居民纳税人和非居民纳税人？

2.工资、薪金所得中，居民和非居民在计税时有什么不同？

3.稿酬所得按次纳税，如何理解稿酬所得中每次收入的含义？

4.居民个人的“四项”综合所得，年终如何汇算清缴？

5.简述个人所得税法“六大”专项附加扣除的内容及其标准。

6.哪些人属于首次取得工资、薪金所得的居民个人？采取累计预扣预缴方法需同时满足哪些条件？

7.2020年度无须办理年度汇算清缴的纳税人需满足哪些条件？

8.居民个人的“综合所得”发生公益捐赠支出，按照税法规定如何处理？

9.居民个人发生的公益捐赠支出，按照税法规定如何处理？

10.居民个人从境外取得的所得，如何进行税额扣除？

五、实务题

1.居民张某2021年3月出版了一本小说，取得稿酬40 000元，同年8月又取得加印稿酬5 000元。

要求：计算张某应缴纳的个人所得税。

2.李某2021年8月购买福利彩票，中奖100 000元，当即拿出20 000元通过民政局捐给了灾区。

要求：计算李某应缴纳的个人所得税。

3.孙某为自由职业者，2020年承包了一家酒店，承包期3年，每年上缴承包费120 000元，全年取得经营净利润400 000元，孙某每月工资9 000元，已作为成本扣除。

要求：计算孙某应缴纳的个人所得税。

4.某个体工商户从事货物运输业务，2020年全年取得营业收入500 000元，营业成本200 000元；雇工工资每月1 000元，共有雇工5名；业主工资每月12 000元；列支业务招待费30 000元；发生广告费20 000元；缴纳税费合计22 000元。

要求：计算该个体工商户应缴纳的所得税税额。

5. 杨敏、张静是北京市某建筑公司职工，2020年1—6月工资薪金情况见表6-1，杨敏1—5月已预缴个人所得税879元，张静1—5月已预缴个人所得税264.5元。

表6-1　2020年1—6月工资薪金计算发放表　单位：元

姓　名	应发工资	基本养老保险金	基本医疗保险金	失业保险金	住房公积金
杨敏	15 000	288	72	180	600
张静	9 000	144	36	90	300

（1）杨敏已婚，为独生子女，需赡养自己65岁的母亲；有一个15岁的女儿，于2018年9月起进入唐山九中就读初一，子女教育由母亲一方全额扣除。

（2）张静未婚，租房居住，住房租金按照规定进行扣除。

要求：根据上述资料，计算杨敏、张静6月应纳个人所得税。

6. 居民张工程师为某公司提供装修设计图，取得设计费60 000元。

要求：计算其应缴纳的个人所得税。

7. 居民王某是一名自由职业者，2020年他的收入情况如下：

（1）出版中篇小说一部，取得稿酬80 000元，后因小说加印并被报刊连载，分别取得出版社稿酬20 000元和报社稿酬3 500元。

（2）受托对一电影剧本进行审核，取得审稿收入30 000元。

要求：计算王某应缴纳的个人所得税。

8. 非居民蒋欣2020年6月取得工资收入28 000元、劳务报酬所得86 000元、稿酬所得9 000元、特许权使用费所得70 000元。

要求：计算其6月应纳个人所得税。

9. 王某于2020年1月将自有的四间房屋出租给某公司作为营业用房，租期两年，每年租金84 000元。2020年王某每月缴纳相关税金192.5元，并于5月支付房屋修缮费用1 800元（有发票收据）。

要求：计算2020年王某应缴纳的个人所得税。

10. 河北唐山某钢铁企业2020年7月由于公司业务调整，需要暂停一项业务，对应部门人员需要解散。2019年唐山市职工月平均工资为5 120.85元。公司给予部门人员补偿明细见表6-2。

表6-2　补偿明细　单位：元

姓　名	补偿额	代扣个人所得税	实发补偿额
薛明	153 618		
林莉	254 620		
王伟	452 830		
杨恺	181 850		

要求：计算该公司发补偿款前应该代扣代缴的个人所得税，以及实发的补偿款。

11.2020年1月河北保定某公司给单位销售经理发放2019年年终奖，奖金明细见

表6-3。

表6-3 年终奖金明细 单位：元

姓　名	年终奖	代扣个人所得税	实发奖金
王刚	60 000		
赵伟	360 000		

要求：计算该公司发年终奖前应该代扣的个人所得税，以及实发的奖金金额。

12. 居民张教授2020年取得如下收入：每月工资21 500元，三险一金4 500元，专项附加扣除2 000元。出版一本专著取得稿酬50 000元，为某企业讲课取得劳务报酬25 000元。

要求：计算张教授2020年应缴纳的个人所得税。

13. 中国居民王某在2020年境内工资薪金30 000元/月，专项扣除4 000元/月，专项附加扣除1 000元/月；10月提供劳务取得收入50 000元。从美国、英国两国取得应税收入，其中：在美国转让一项专利技术获得200 000元，出版一本著作取得稿酬40 000元，两项收入在美国缴纳个人所得税28 500元；在英国取得股息收入20 000元，并在英国缴纳该项收入的个人所得税5 000元。

要求：计算王某在我国应缴纳的个人所得税。

14. 小孙为甲公司员工，2020年1—12月在甲公司取得工资薪金50 000元，单位为其办理了2020年1—12月的工资薪金所得个人所得税全员全额明细申报。2021年，甲公司每月给其发放工资8 000元，个人按国家标准缴付“三险一金”2 000元，不考虑其他扣除情况。

要求：按新预扣预缴方法，计算小孙应预缴的个人所得税。

15. 某学校4位老师共写一本书，共得稿费35 000元，其中1人得主编费5 000元，其余稿费4人平分。

要求：计算每位老师应纳个人所得税。

六、综合实训题

实训一

【实训资料】

1. 纳税人及扣缴义务单位基本信息（见表6-4）如下：

表6-4 纳税人基本信息

工号	姓名	性别	身份证号	受雇时间	联系电话	是否雇员	学历
01	孙彪	男	130203198007280036	2015-05-06	17333590042	是	本科
02	李丽	女	130203198305200178	2016-02-05	18240063756	是	本科
03	张伟	男	130202198507150356	2017-03-10	18723056453	是	本科
04	赵亮	男	130203197406210336	2016-07-01	15254170806	是	本科
05	陈丽	女	130203198306193124	2017-08-01	15666068808	是	本科

公司名称：唐山建投集团有限公司

电话：0315-2668810　邮编：063000

公司地址：唐山市路北区建设路8号

2.2021年2月计算发放2021年1月工资薪金，并代扣代缴个人所得税，见表6-5。

表6-5　2021年1月工资薪金计算发放　单位：元

姓名	应发工资	养老保险	医疗保险	失业保险	住房公积金	代扣个税	实发工资
孙彪	12 000	480	120	30	300		
李丽	15 000	480	120	30	300		
张伟	13 896	480	120	30	300		
赵亮	9 548	480	120	30	300		
陈丽	8 930	480	120	30	300		

3.专项附加扣除信息如下：

（1）收到孙彪提交的专项附加扣除信息表，妻子张莉是家庭主妇，育有独子孙浩，在路北实验小学上五年级，孙彪也是家中独子，需赡养66岁父亲孙刚、64岁母亲李梅。

（2）李丽专项附加扣除信息如下：已婚，育有一子一女，儿子于2020年9月进入路南实验小学上二年级，女儿于2020年9月进入大拇指幼儿园读中班。2015年购买住房，从中国农业银行办理公积金贷款30年，合同借款人为李丽。子女教育李丽与丈夫各按照50%进行扣除，住房贷款利息由李丽一人全额扣除。

（3）张伟专项附加扣除信息如下：已婚，育有一子。妻子王红是一名大学教师，儿子于2020年9月进入北京师范大学，现读大三。张伟和弟弟两人共同赡养自己68岁的母亲，张伟与弟弟商定赡养老人按照规定进行平均分摊。子女教育双方各按照50%进行扣除。

（4）赵亮专项附加扣除信息如下：单身，租房居住；租赁时间：2020年6月1日—2021年5月31日；出租房类型：个人。

（5）陈丽专项附加扣除信息如下：2020年10月开始攻读研究生，预计2023年10月拿到学历证书。

【实训要求】

（1）计算唐山建投集团有限公司为员工代扣代缴的个人所得税。

（2）根据计算结果编制个人所得税扣缴申报表，见表6-6。

表6-6　　　　个人所得税扣缴申报表

税款所属期：　　年　　月　　日至　　年　　月　　日

扣缴义务人名称：

扣缴义务人纳税人识别号（统一社会信用代码）：□□□□□□□□□□□□□□□□□□□□

金额单位：人民币元（列至角分）

序号	姓名	身份证件类型	身份证件号码	纳税人识别号	是否为非居民个人	所得项目	本月（次）情况														累计情况									减按计税比例	准予扣除的捐赠额	税款计算							备注
							收入额计算			减除费用	专项扣除				其他扣除						累计收入额	累计减除费用	累计专项扣除	累计专项附加扣除					累计其他扣除			应纳税所得额	税率/预扣率	速算扣除数	应纳税额	减免税额	已缴税额	应补/退税额	
							收入	费用	免税收入		基本养老保险费	基本医疗保险费	失业保险费	住房公积金	年金	商业健康保险	税延养老保险	财产原值	允许扣除的税费	其他				子女教育	赡养老人	住房贷款利息	住房租金	继续教育											
1	2	3	4	5	6	7	8	9	10	11	12	13	14	15	16	17	18	19	20	21	22	23	24	25	26	27	28	29	30	31	32	33	34	35	36	37	38	39	40
会计合计																																							

谨声明：本表是根据国家税收法律法规及相关规定填报的，是真实的、可靠的、完整的。

扣缴义务人（签章）：　　　年　月　日

经办人签字： 经办人身份证件号码： 代理机构签章： 代理机构统一社会信用代码：	受理人： 受理税务机关（章）： 受理日期：　年　月　日

国家税务总局监制

实训二

【实训资料】

1.纳税人及扣缴义务单位基本信息（见表6-7）：

表6-7　　　　纳税人基本信息

工号	姓名	性别	身份证号	任职时间	联系电话	任职受雇从业类型
01	杨立	男	130202198306191365	2010-11-08	13832568567	雇员
02	杨红	女	130202197506173018			其他
03	张伟	男	13020319631018053X			其他
04	陈勇	男	130203197605280517			其他
05	李清	男	13020319800704095X			其他
06	张超	男	13020219841205504X			其他
07	蒋萍	女	130202197508063521			其他

公司名称：唐山开滦集团股份有限公司
电话：0315-2665824　邮编：063004
公司地址：唐山市路南区缸窑路210号

2.2021年2月计算发放2021年1月工资薪金，并代扣代缴个人所得税（见表6-8）。

表6-8　2021年1月工资薪金计算发放表　单位：元

姓名	应发工资	基本养老保险金	基本医疗保险金	失业保险金	住房公积金
杨立	15 000	288	144	100	900

杨立家庭情况如下：已婚，妻子王宏是家庭主妇。独生子女，需赡养自己65岁的母亲，有一个16岁的女儿，于2020年9月进入唐山一中就读高二，子女教育由父亲一方全额扣除。

3.劳务报酬所得（见表6-9）：

表6-9　劳务报酬所得　单位：元

姓　名	所得项目	收入额	实际捐赠额	准予扣除的捐赠额
杨红	劳务报酬所得	3 800	800	800
张伟	劳务报酬所得	60 000	20 000	14 400

4.稿酬所得（见表6-10）：

表6-10　稿酬所得　单位：元

姓　名	所得项目	收入额	实际捐赠额	准予扣除的捐赠额
陈勇	稿酬所得	3 000	300	300
李清	稿酬所得	50 000	10 000	8 400

5.特许权使用费所得（见表6-11）：

表6-11　特许权使用费所得　单位：元

姓　名	所得项目	收入额	实际捐赠额	准予扣除的捐赠额
张超	特许权使用费所得	2 000	200	200
蒋萍	特许权使用费所得	15 000	4 000	3 600

【实训要求】

（1）计算唐山开滦集团股份有限公司代扣代缴的个人所得税。

（2）编制个人所得税扣缴申报表（见表6-12）。

表6-12　　　　个人所得税扣缴申报表

税款所属期：　　年　　月　　日至　　年　　月　　日

扣缴义务人名称：

扣缴义务人纳税人识别号（统一社会信用代码）：□□□□□□□□□□□□□□□□□□

金额单位：人民币元（列至角分）

序号	姓名	身份证件类型	身份证件号码	纳税人识别号	是否为非居民个人	所得项目	本月（次）情况														累计情况									减按计税比例	准予扣除的捐赠额	税款计算							备注
							收入额计算			减除费用	专项扣除				其他扣除						累计收入额	累计减除费用	累计专项扣除	累计专项附加扣除					累计其他扣除										
							收入	费用	免税收入		基本养老保险费	基本医疗保险费	失业保险费	住房公积金	年金	商业健康保险	税延养老保险	财产原值	允许扣除的税费	其他				子女教育	赡养老人	住房贷款利息	住房租金	继续教育				应纳税所得额	税率/预扣率	速算扣除数	应纳税额	减免税额	已缴税额	应补/退税额	
1	2	3	4	5	6	7	8	9	10	11	12	13	14	15	16	17	18	19	20	21	22	23	24	25	26	27	28	29	30	31	32	33	34	35	36	37	38	39	40
会计合计																																							

谨声明：本表是根据国家税收法律法规及相关规定填报的，是真实的、可靠的、完整的。

扣缴义务人（签章）：　　年　月　日

经办人签字： 经办人身份证件号码： 代理机构签章： 代理机构统一社会信用代码：	受理人： 受理税务机关（章）： 受理日期：　年　月　日

国家税务总局监制

实训三

【实训资料】

居民小李2020年全年各项所得如下：

（1）每月工资12 000元，个人负担的三险一金为800元，专项附加扣除合计2 000元，其他扣除200元。每月公司按规定已代扣代缴税款。

（2）3月从甲公司取得劳务报酬3 000元，甲公司按规定已代扣代缴税款。

（3）5月从出版社获得稿酬5 000元，出版社按规定已代扣代缴税款。

（4）9月转让一项特许权使用费给乙公司，取得所得15 000元，乙公司按规定已代扣代缴税款。

【实训要求】

（1）计算小李2020年全年应纳个人所得税。

（2）编制个人所得税年度自行纳税申报表，见表6-13。

表6-13　个人所得税年度自行纳税申报表

税款所属期：　　年　　月　　日至　　年　　月　　日

纳税人姓名：

纳税人识别号：□□□□□□□□□□□□□□□□□□　　金额单位：人民币元（列至角分）

项　目	行　次	金　额
一、收入合计（1=2+3+4+5）	1	
（一）工资、薪金所得	2	
（二）劳务报酬所得	3	
（三）稿酬所得	4	
（四）特许权使用费所得	5	
二、费用合计	6	
三、免税收入合计	7	
四、减除费用	8	
五、专项扣除合计（9=10+11+12+13）	9	
（一）基本养老保险费	10	
（二）基本医疗保险费	11	
（三）失业保险费	12	
（四）住房公积金	13	
六、专项附加扣除合计（14=15+16+17+18+19+20）	14	
（一）子女教育	15	
（二）继续教育	16	
（三）大病医疗	17	
（四）住房贷款利息	18	
（五）住房租金	19	
（六）赡养老人	20	
七、其他扣除合计（21=22+23+24+25+26）	21	
（一）年金	22	
（二）商业健康保险	23	

续表

项　目	行　次	金　额
（三）税延养老保险	24	
（四）允许扣除的税费	25	
（五）其他	26	
八、准予扣除的捐赠额	27	
九、应纳税所得额（28=1-6-7-8-9-14-21-27）	28	
十、税率（%）	29	
十一、速算扣除数	30	
十二、应纳税额（31=28×29-30）	31	
十三、减免税额	32	
十四、已缴税额	33	
十五、应补/退税额（34=31-32-33）	34	
无住所个人附报信息		
在华停留天数		已在华停留年数
谨声明：本表是根据国家税收法律法规及相关规定填报的，是真实的、可靠的、完整的。 纳税人签字：　　年　月　日		
经办人签字： 经办人身份证件号码： 代理机构签章： 代理机构统一社会信用代码：	受理人： 受理税务机关（章）： 受理日期：　年　月　日	

国家税务总局监制

实训四

【实训资料】

李玲是从事肉食品加工的个体工商户，2020年度有关经营情况如下：

（1）取得营业收入600 000元。

（2）发生营业成本250 000元。

（3）缴纳相关税费合计22 000元。

（4）发生销售费用30 000元。

（5）发生管理费用40 000元，其中业务招待费6 000元。

（6）发生财务费用20 000元，其中向某单位借入流动资金100 000元，支付利息10 000元，同期银行贷款利率为7%。

（7）雇工工资每月1 000元，共5名雇工。

（8）小货车发生车祸，损失60 000元，保险公司赔款35 000元。

（9）预缴个人所得税25 000元。

【实训要求】

计算李玲2020年应缴纳的个人所得税，并编制个人所得税经营所得纳税申报表（见表6-14）。

表6-14　　个人所得税经营所得纳税申报表（B表）

税款所属期：　年　月　日至　年　月　日

纳税人姓名：

纳税人识别号：□□□□□□□□□□□□□□□□□□□□□□□□□□　　金额单位：人民币元（列至角分）

被投资单位信息	名称		纳税人识别号（统一社会信用代码）	

项　目	行次	金额/比例
一、收入总额	1	
其中：国债利息收入	2	
二、成本费用（3=4+5+6+7+8+9+10）	3	
（一）营业成本	4	
（二）营业费用	5	
（三）管理费用	6	
（四）财务费用	7	
（五）税金	8	
（六）损失	9	
（七）其他支出	10	
三、利润总额（11=1-2-3）	11	
四、纳税调整增加额（12=13+27）	12	
（一）超过规定标准的扣除项目金额（13=14+15+16+17+18+19+20+21+22+23+24+25+26）	13	
1.职工福利费	14	
2.职工教育经费	15	
3.工会经费	16	
4.利息支出	17	
5.业务招待费	18	
6.广告费和业务宣传费	19	

续表

项　目	行次	金额/比例
7.教育和公益事业捐赠	20	
8.住房公积金	21	
9.社会保险费	22	
10.折旧费用	23	
11.无形资产摊销	24	
12.资产损失	25	
13.其他	26	
（二）不允许扣除的项目金额（27=28+29+30+31+32+33+34+35+36）	27	
1.个人所得税税款	28	
2.税收滞纳金	29	
3.罚金、罚款和被没收财物的损失	30	
4.不符合扣除规定的捐赠支出	31	
5.赞助支出	32	
6.用于个人和家庭的支出	33	
7.与取得生产经营收入无关的其他支出	34	
8.投资者工资薪金支出	35	
9.其他不允许扣除的支出	36	
五、纳税调整减少额	37	
六、纳税调整后所得（38=11+12-37）	38	
七、弥补以前年度亏损	39	
八、合伙企业个人合伙人分配比例（%）	40	
九、允许扣除的个人费用及其他扣除（41=42+43+48+55）	41	
（一）投资者减除费用	42	
（二）专项扣除（43=44+45+46+47）	43	
1.基本养老保险费	44	
2.基本医疗保险费	45	
3.失业保险费	46	

续表

项 目	行次	金额/比例
4.住房公积金	47	
（三）专项附加扣除（48=49+50+51+52+53+54）	48	
1.子女教育	49	
2.继续教育	50	
3.大病医疗	51	
4.住房贷款利息	52	
5.住房租金	53	
6.赡养老人	54	
（四）依法确定的其他扣除（55=56+57+58+59）	55	
1.商业健康保险	56	
2.税延养老保险	57	
3.	58	
4.	59	
十、投资抵扣	60	
十一、准予扣除的个人捐赠支出	61	
十二、应纳税所得额（62=38-39-41-60-61）或［62=（38-39）×40-41-60-61］	62	
十三、税率（%）	63	
十四、速算扣除数	64	
十五、应纳税额（65=62×63-64）	65	
十六、减免税额（附报《个人所得税减免税事项报告表》）	66	
十七、已缴税额	67	
十八、应补/退税额（68=65-66-67）	68	
谨声明：本表是根据国家税收法律法规及相关规定填报的，是真实的、可靠的、完整的。 纳税人签字： 年 月 日		
经办人： 经办人身份证件号码： 代理机构签章： 代理机构统一社会信用代码：	受理人： 受理税务机关（章）： 受理日期： 年 月 日	

国家税务总局监制

项目七

其他税

一、单项选择题

1.城市维护建设税的计税依据是纳税人实际缴纳的（　　）。

A.增值税和消费税　　B.企业所得税

C.个人所得税　　D.环境保护税

2.南北公司向新华公司租入2辆载货汽车，汽车总价值为80万元。合同规定，租期2个月，租金为4.8万元，则甲公司应纳印花税税额为（　　）元。

A.48　　B.14.4　　C.4.8　　D.24

3.申花企业实际占用土地面积1万平方米，经税务部门核定，该企业所处地段城镇土地使用税税额为每平方米5元，则该企业全年应缴纳城镇土地使用税为（　　）万元。

A.5　　B.7.5　　C.6.25　　D.60

4.在我国，下列各项中房屋可免征房产税的是（　　）。

A.城市的市区　　B.县城

C.农村　　D.城市的郊区

5.下列车船中以"净吨位"为计税单位的是（　　）。

A.载客汽车　　B.载货汽车

C.专项作业车　　D.船舶

6.纳税人所在地在农村的，其适用的城市维护建设税税率是（　　）。

A.1%　　B.3%　　C.5%　　D.7%

7.对于获准汇总缴纳印花税的纳税人，其汇总缴纳期限最长不得超过（　　）。

A.1个月　　B.2个月　　C.3个月　　D.半个月

8.某市东华公司委托下属县城胜利加工厂加工材料，加工后收回产品时，加工厂为该公司代扣代缴消费税20万元，则该公司应代扣代缴城市维护建设税（　　）元。

A.10 000　　B.14 000　　C.6 000　　D.2 000

9.按照房产租金收入计算房产税所适用的税率是（　　）。

A.12%　　B.10%　　C.2%　　D.1.2%

10.下列各项关于城市维护建设税和教育费附加的表述中，正确的是（　　）。

A.城市维护建设税和教育费附加都具有进口不征、出口不退的计征规则

B.只有同时缴纳增值税、消费税的纳税人，才是我国城市维护建设税的纳税人

C.纳税人违反消费税的有关规定而被加收的滞纳金和罚款，应据以计算缴纳城市维护建设税和教育费附加

D.城市维护建设税和教育费附加均不适用《税收征管法》的规定

11.下列各项关于租赁涉及的房产税的表述中，正确的是（　　）。

A.融资租赁房屋的，房产最终转让给承租方的，由承租人缴纳租赁过程中的房产税

B.融资租赁房屋的，以房产余值为计税依据计征房产税

C.融资租赁房屋的，以租金收入为计税依据计征房产税

D.对以劳务作为报酬抵付房租收入的，应根据当地同类房屋的租金水平，确定租金标准

12.下列各项中，暂免征收房产税的是（　　）。

A.房管部门向居民出租的公有住房

B.文化体育单位出租的公有住房

C.企业按政府规定价格向职工出租的单位自有住房

D.个人对外出租经营的自有住房

13.下列各项关于房产税纳税期限以及纳税申报的表述中，正确的是（　　）。

A.房产税实行按年征收，分期缴纳

B.房产税的纳税期限由省、自治区、直辖市人民政府确定

C.房产税一般按月、季、半年预征

D.纳税人住址发生变更、产权发生转移，应按规定及时向税务机关办理变更登记

14.下列各项关于车船税的表述中，正确的是（　　）。

A.属于行为税类

B.实行从量定额征收

C.适用于在我国境内拥有或管理车船的所有单位和个人，但不包括外商投资企业

D.按年申报缴纳

E.四轮农用运输车免征车船税

15.下列各项应缴纳车船税的是（　　）。

A.出租汽车　　B.行政单位办公车辆

C.自行车　　D.外商投资企业经营用车

E.农民个人的货运车

二、多项选择题

1.下列各项属于应税污染物的有（　　）。

A.大气污染物　　B.水污染物　　C.固体废物　　D.噪声

2.下列各项适用印花税定额税率的有（　　）。

A.财产租赁合同　　B.产权转移书据

C.其他账簿　　D.权利、许可证照

3.下列各项免征城镇土地使用税的有（　　）。

A.市妇联办公楼用地　　B.寺庙开办的旅店用地

C.街道绿化地带用地　　D.个人居住房屋用地

4.房产税的计税依据有（　　）。

A.房产净值　　B.房产的租金收入

C.房产余值　　D.房产的计税价值

5.车船税的免税项目有（　　）。

A.警用车辆　　B.拖船　　C.消防车船　　D.游艇

6.对出口产品退还（　　）的，不退还已缴纳的城市维护建设税。

A. 增值税　　B. 关税
C. 资源税　　D. 消费税

7. 税法规定，财产所有人将财产赠给（　　）所书立的书据，免纳印花税。
A. 学校　　B. 国有独资企业
C. 社会福利机构　　D. 政府

8. 记载资金的账簿，印花税计税依据是（　　）的合计数。
A. 实收资本　　B. 留存收益
C. 盈余公积　　D. 资本公积

9. 城镇土地使用税的纳税人包括（　　）。
A. 土地的实际使用人　　B. 土地的代管人
C. 拥有土地使用权的单位和个人　　D. 土地使用权共有的各方

10. 房产税的纳税人有（　　）。
A. 产权所有人　　B. 承典人
C. 房产使用人　　D. 承租人

11. 下列各项关于房产税纳税期限以及纳税申报的表述中，正确的有（　　）。
A. 房产税实行按年征收，分期缴纳
B. 房产税的纳税期限由省、自治区、直辖市人民政府确定
C. 房产税一般按月、季、半年预征
D. 纳税人住址发生变更、产权发生转移，应按规定及时向税务机关办理变更登记

12. 在车船税征税过程中，以“辆”为计税依据的有（　　）。
A. 电车　　B. 载货汽车
C. 专项作业车　　D. 三轮汽车低速货车

13. 下列各项关于车船税的表述中，正确的有（　　）。
A. 属于行为税类
B. 实行从量定额征收
C. 按年申报缴纳
D. 适用于在我国境内拥有或管理车船的所有单位和个人，但不包括外商投资企业

14. 下列各项关于城镇土地使用税纳税义务发生时间的相关论述中，不正确的有（　　）。
A. 纳税人出租房产，自交付出租房产之次月起计征城镇土地使用税
B. 房地产开发企业自用本企业建造的商品房，自房屋使用的当月起计征城镇土地使用税
C. 纳税人新征用的非耕地，自批准征用当月起缴纳城镇土地使用税
D. 纳税人新征用的耕地，自批准征用之日起满1年时开始缴纳城镇土地使用税

15. 下列各项位于某市的房产中，应当征收房产税的有（　　）。
A. 居民出租的房产　　B. 居民投资联营的房产
C. 居民自有的居住用房　　D. 居民拥有的营业用房

16. 下列各项关于环境保护税的说法中，正确的有（　　）。

A. 每一排放口或者没有排放口的应税大气污染物，按照污染当量数从大到小排序，对前三项污染物征收环境保护税

B. 对每一排放口的应税水污染物，区分第一类水污染物和其他类水污染物，按照污染当量数从大到小排序，对第一类水污染物按照前五项征收环境保护税，对其他类水污染物按照前三项征收环境保护税

C. 每一排放口或者没有排放口的应税大气污染物，按照污染当量数征收环境保护税

D. 对每一排放口的应税水污染物，区分第一类水污染物和其他类水污染物，按照污染当量数征收环境保护税

17. 下列各项有关应税污染物计税依据的确定方法，正确的有（　　）。

A. 应税大气污染物按照污染物排放量折合的污染当量数确定

B. 应税水污染物按照污染物排放量折合的污染当量数确定

C. 应税固体废物按照固体废物的排放量确定

D. 应税噪声按照超过国家规定标准的分贝数确定

18. 下列各项属于大气污染物的有（　　）。

A. 二氧化硫　　B. 甲醛

C. 酚类　　D. 二氧化碳

19. 下列各项属于环境保护税中的固体废物的有（　　）。

A. 煤矸石　　B. 冶炼渣

C. 粉煤灰　　D. 炉渣

20. 自2021年6月1日起，纳税人需要编制“财产和行为税纳税申报表”进行申报缴纳的税种有（　　）。

A. 城镇土地使用税和耕地占用税　　B. 房产税、车船税和契税

C. 印花税、资源税和烟叶税　　D. 土地增值税和环境保护税

三、判断题

1. 发生增值税、消费税出口退税时，城市维护建设税和教育费附加不可退还。（　　）

2. 对应税凭证，凡由两方或两方以上当事人共同订立的，由当事人协商确定其中一方为印花税纳税人。（　　）

3. 对于多贴印花税票者，可以向当地税务机关申请退税或者抵用。（　　）

4. 城镇土地使用税的征收对象不包括城市郊区的土地。（　　）

5. 对个人按市场价格出租的居民住房，可暂按其租金收入的4%征收房产税。（　　）

6. 海关对进口产品代征的增值税、消费税，不征收城市维护建设税。（　　）

7. 纳税人违反增值税、消费税相关法律法规而加收的滞纳金和罚款，是税务机关对纳税人违法行为的经济制裁，不作为城市维护建设税的计税依据。（　　）

8. 出口货物退还增值税和消费税时，不退还已缴纳的城市维护建设税。（　　）

9. 耕地占用税和契税，房地产开发企业计入开发成本，其他企业计入无形资产。 （ ）

10. 由国家财政部门拨付事业经费的单位自用的车辆免征车船税。 （ ）

11. 纳税人排放应税大气污染物或者水污染物的浓度值低于国家和地方规定的污染物排放标准30%的，减按50%征收环境保护税。 （ ）

12. 每一排放口或者没有排放口的应税大气污染物，按照污染当量数从大到小排序，对前三项污染物征收环境保护税。 （ ）

13. 环境保护税中的应税噪声是指工业噪声。 （ ）

四、简答题

1. 城市维护建设税、教育费附加的计税依据有哪些？
2. 进口货物缴纳的增值税和消费税是否也需要缴纳城市维护建设税和教育费附加？
3. 印花税的应税凭证有哪些？
4. 车船税的计税依据是如何规定的？新购置的汽车应怎样缴纳车船税？
5. 土地增值税的扣除项目有哪些？房地产企业与其他企业有何区别？
6. 《中华人民共和国环境保护税法》中应税污染物主要包括哪些内容？

五、综合实训题

【实训资料】

鑫鑫有限责任公司2020年发生下列业务：

（1）5月向大气直接排放二氧化硫、氟化物各200千克，一氧化碳300千克，氯化氢100千克，假设当地大气污染物每污染当量税额1.2元，该企业只有一个排放口。

（2）2020年度有A、B两处单独地下建筑设施，其中，A设施现为地下仓库，土地使用证上载明占地面积为3 000平方米；B设施为地下商场，土地使用证上标明土地面积为3 500平方米。经税务机关确认，大洋公司所占用土地的城镇土地使用税适用税额为：A设施每平方米年税额7元，B设施每平方米年税额4元。

（3）2020年年初，订立转移专用技术使用权书据一份，所载金额为300万元；订立产品销货合同一件，所载金额为500万元；订立借款合同一份，所载金额为100万元。此外，公司营业账簿中资金账簿记载，实收资本为1 200万元，资本公积为300万元。

（4）拥有载货汽车14辆（货车载货净吨位全部为5吨）；乘人大客车35辆（其中32座车10辆、28座车25辆）；车船税年税额为：载货汽车每吨100元，乘人汽车30座以上的每辆1 000元，11～30个座位的每辆800元。

【实训要求】

（1）计算该公司2020年应缴纳的环境保护税、城镇土地使用税、印花税和车船税，并编制有关会计分录。

（2）编制“财产和行为税纳税申报表”（见表7-1）。

表 7-1　　财产和行为税纳税申报表

纳税人识别号（统一社会信用代码）：□□□□□□□□□□□□□□□□□□

纳税人名称：　　金额单位：人民币元（列至角分）

序号	税种	税目	税款所属期起	税款所属期止	计税依据	税率	应纳税额	减免税额	已缴税额	应补（退）税额
1										
2										
3										
4										
5										
6										
7										
8										
9										
10										
11	合计	–	–	–	–	–				

声明：此表是根据国家税收法律法规及相关规定填写的，本人（单位）对填报内容（及附带资料）的真实性、可靠性、完整性负责。

纳税人（签章）：　　年　月　日

经办人： 经办人身份证号： 代理机构签章： 代理机构统一社会信用代码：	受理人： 受理税务机关（章）： 受理日期：　年　月　日

项目八

税收征管相关法规

一、单项选择题

1.我国税务行政处罚的实施主体是（　　）。

A.税务机关的内设机关　　B.税务机关的派出机构

C.县以上的税务机关　　D.税务所

2.税务机关对当事人作出罚款行政处罚决定的，当事人应当在收到行政处罚书之日起15日内缴纳罚款，逾期不缴纳的，税务机关可以根据罚款数额对当事人按日加处罚款，计算加处罚款的比例是（　　）。

A.1%　　B.3%　　C.1%　　D.2%

3.根据现行规定，纳税人对税务机关作出的（　　）不服的，必须先申请行政复议；对复议决定不服的，再向人民法院起诉。

A.征收税款、加收滞纳金　　B.责令提供纳税担保

C.税收保全措施　　D.税收强制执行措施

4.下列税务行政复议受理的案件中，（　　）必须先经复议，对复议结果不服时才可提起税务行政诉讼。

A.税款征收问题　　B.审批出口退税

C.税务行政处罚　　D.提供纳税担保

5.税务复议机关决定不予受理或者受理后超过复议期限不作答复的，纳税人和其他税务当事人可以自收到不予受理决定书之日起，或者行政复议期满之日起（　　）内，依法向人民法院提起行政诉讼。

A.10日　　B.15日　　C.30日　　D.60日

二、多项选择题

1.税务检查权是税务机关在检查活动中依法享有的权利，《税收征管法》规定税务机关有权（　　）。

A.检查纳税人的账簿、记账凭证、报表和有关资料

B.责成纳税人提供与纳税有关的文件、评审材料和有关资料

C.到纳税人的生产、经营场所和货物存放地检查纳税人应纳税的商品、货物或者其他财产

D.对纳税人的住宅及其他生活场所进行检查

2.纳税人有逃避纳税义务行为或欠税需出境等情形时，税务机关可要求纳税人采取（　　）方式提供担保。

A.提交纳税保证金　　B.提供财产担保

C.提供纳税担保人　　D.变卖财产抵缴

3.我国现行的税务行政处罚种类主要有（　　）。

A.罚款　　B.没收非法所得

C.停止出口退税权　　D.注销税务登记

4.税务行政复议受案范围中所指的税务机关作出的征税行为主要包括（　　）。

A. 征收税款　　B. 扣押、查封货物等财产

C. 加收滞纳金　　D. 依法代扣代收税款

5. 税务行政复议的当事人包括（　　）。

A. 纳税人　　B. 扣缴义务人　　C. 负税人　　D. 纳税担保人

6. 下列各项具有税务行政处罚权的有（　　）。

A. 县级税务机关　　B. 税务所

C. 市级税务机关　　D. 税务机关派出机构

7. 下列各项关于税务行政处罚设定的表述正确的有（　　）。

A. 国家税务总局对非经营活动中的违法行为，设定罚款不得超过1 000元

B. 国家税务总局对非经营活动中有违法所得的违法行为，设定罚款不得超过5 000元

C. 国家税务总局对经营活动中没有违法所得的违法行为，设定罚款不得超过10 000元

D. 国家税务总局对经营活动中有违法所得的违法行为，设定罚款不得超过违法所得的3倍且最高不得超过30 000元

8. 下列各项属于税务行政复议受案范围的有（　　）。

A. 税务机关制定规范性文件的行为　　B. 税务机关作出的税收保全措施

C. 税务机关作出的征税行为　　D. 税务机关作出的行政处罚行为

9. 纳税人对税务机关作出的下列行为不服的，可申请复议或直接诉讼的有（　　）。

A. 不予核准延期纳税　　B. 加收滞纳金

C. 税收强制执行措施　　D. 税务行政处罚

10. 纳税人和其他税务当事人对侵犯其合法权益的特定税务行政行为，可以依法向人民法院提起行政诉讼，下列各项属于法定行政诉讼受案范围的有（　　）。

A. 税务机关通知银行冻结其存款的行为

B. 税务机关预期未对其复议申请作出答复的行为

C. 税务机关对其所缴的税款没有上缴国库的行为

D. 税务机关制定的规范性文件损害了纳税人合法权益的行为

三、判断题

1. 纳税人因逃避缴纳税款未缴或少缴的税款，税务机关可以无限期追缴。（　　）

2. 税务机关可依法到纳税人的生产、生活、经营场所和货物存放地检查纳税人应纳税的商品、货物或其他财产。（　　）

3. 税务当事人对税务机关作出的罚款行政处罚，可以在收到税务行政处罚事项通知书后的有效期限内提出听证要求，税务机关不得拒绝。（　　）

4. 纳税人对税务机关作出的取消增值税一般纳税人资格的行为不服的，必须向上一级税务机关申请行政复议而不能直接进行诉讼。（　　）

5. 税务当事人对税务机关的复议决定不服的，可以在接到复议决定书之日起30日内向人民法院起诉。（　　）

四、简答题

1. 什么是税务行政处罚？其原则有哪些？
2. 税务行政诉讼的范围包括哪些？
3. 税务行政复议的范围包括哪些？
4. 税务行政复议与税务行政诉讼有何区别？

五、实务题

1. 某机械制造厂2019年10月欠缴税款10万元，12月又欠缴税款8万元。主管税务机关屡催无效，于2020年3月决定对该企业依法采取强制执行措施。在执行措施过程中，该厂采取场外租赁仓库的手段，转移了大部分产品，以逃避强制措施的执行。主管税务部门将其剩余的应税产品予以查封，并依法拍卖，将其拍卖所得17.5万元抵缴了税款。

要求：分析该企业的欠税行为应该承担行政处罚责任，还是刑事责任。

2. 某个体饭店老板王某自2020年1月至6月一直没有向税务机关申报纳税，税务机关多次催缴无效。2020年7月6日，路北区税务机关经主管税务局局长批准，采取税收强制执行措施，扣押了王某的小汽车1辆，并以拍卖该小汽车的所得抵顶税款、罚款、滞纳金等，剩余款项退还王某。王某不服，于2020年7月25日向市税务机关申请税务行政复议，市税务机关复议后维持路北区税务机关的决定。

要求：分析复议后王某是否可以提起税务行政诉讼，被起诉的税务机关是哪一个。

参考答案

项目一　税收基础知识

一、单项选择题

1.B　2.C　3.D　4.C　5.A　6.A　7.B　8.A　9.B　10.C　11.C　12.B　13.A　14.C　15.B　16.D　17.C　18.A　19.A　20.D

二、多项选择题

1.AB　2.ABC　3.CD　4.ABD　5.BC　6.AB　7.ABCD　8.ABCD　9.ABD　10.AC　11.ABCD　12.BD　13.ABC　14.ABCD　15.AD

三、判断题

1.×　2.✓　3.×　4.×　5.×　6.✓　7.✓　8.✓　9.✓　10.✓

四、简答题

（略）

项目二　增值税

一、单项选择题

1.A　2.A　3.C　4.A　5.B　6.A　7.A　8.D　9.A　10.C　11.B　12.B　13.A　14.A　15.A　16.C　17.A　18.A　19.B　20.A　21.A　22.A　23.B　24.B　25.A　26.D　27.C　28.C　29.A　30.C

二、多项选择题

1.ABCD　2.ABCD　3.ABCD　4.ABCD　5.BC　6.ACD　7.ABCDE　8.CD　9.ABC　10.ABCDE　11.ABC　12.AB　13.BCD　14.BCD　15.ABCD　16.BCD　17.ABD　18.ABCD　19.ABCD　20.ABDEF　21.AD　22. ABCDEF　23.ABCD　24.ABC　25. BCD

三、判断题

1.×　2.×　3.✓　4.✓　5. ✓　6.✓　7.×　8.✓　9.✓　10.✓　11.×　12.✓　13.✓　14.×　15.×　16.✓　17.×　18.×　19.✓　20. ×　21.×　22.×　23.×　24.✓　25.×　26.×　27.×　28.×　29.✓　30.✓　31.×　32.✓　33.✓　34.✓　35.×　36.✓　37.✓　38.✓　39.✓　40.✓　41.✓　42.✓　43.×　44.✓　45.×

四、简答题

（略）

五、实务题

1.（1）进项税额=234 000元

（2）销项税额=（90 400+22 600）÷（1+13%）×13%=13 000（元）

进项税额=2 600元

（3）进项税额=50 000×（1+10%）×13%=7 150（元）

（4）销项税额=4 500×10×13%=5 850（元）
（5）销项税额=45 200÷（1+13%）×13%=5 200（元）
（6）销项税额=7 000×2×（1+10%）×13%=2 002（元）
（7）销项税额=351 000元
进项税额合计=234 000+2 600+7 150=243 750（元）
销项税额合计=13 000+5 850+5 200+2 002+351 000=377 052（元）
当期应纳税额=377 052−243 750=133 302（元）
会计分录略。
2.（1）进项税额=300 000×9%+30 000×9%=29 700（元）
进项税额转出=29 700×40%=11 880（元）
销项税额=350 300÷（1+13%）×13%=40 300（元）
（2）销项税额=33 900 000÷（1+13%）×13%=3 900 000（元）
（3）销项税额=200×2 260÷（1+13%）×13%=52 000（元）
（4）销项税额=10×11 300÷（1+13%）×13%=13 000（元）
（5）不确认销售。
（6）进项税额转出=5 000×2×13%=1 300（元）
进项税额合计=29 700元
进项税额转出=13 180元
销项税额合计=40 300+3 900 000+52 000+13 000=4 005 300（元）
当期应纳税额=4 005 300−（29 700−13 180）=3 988 780（元）
会计分录略。
3.9月增值税的计算：
进项税额=26 000元
销项税额=33 900÷（1+13%）×13%+22 600÷（1+13%）×13%=6 500（元）
应纳增值税=6 500−26 000=−19 500（元）
所以9月不需要缴纳增值税，留抵19 500元。
10月增值税的计算：
进项税额=39 000元
销项税额=1 000 000×13% =130 000（元）
进项税额转出=40 000 ×13%=5 200（元）
应纳增值税=130 000−（39 000−5 200）−19 500=76 700（元）
11月增值税的计算：
进项税额=13 000元
销项税额=800 000×13%+56 500÷（1+13%）×13%=110 500（元）
应纳增值税=110 500−13 000=97 500（元）
会计分录略。
4. 销项税额=2 180 000÷（1+9%）×9%=180 000（元）
进项税额=（300 000+400 000）×13%+800 000×9%=91 000+72 000=163 000（元）

当期应纳增值税税额=180 000−163 000=17 000（元）
会计分录略。
5.（1）销项税额=60 000元
（2）销项税额=90 000元
（3）进项税额=26 000元
（4）进项税额=13 000元
当期应纳税额=（60 000+90 000）−（26 000+13 000）=111 000（元）
会计分录略。
6.应纳税额=（3 296+3 090）÷（1+3%）×3%+12 300×3%=555（元）
会计分录略。
7.进口环节应纳的增值税：
组成计税价格=4 000×200×（1+60%）=1 280 000（元）
进口环节应纳增值税税额=1 280 000×13%=166 400（元）
销售环节应纳的增值税=10 000×200×13%−166 400 =260 000−166 400=93 600（元）
会计分录略。
8.销项税额=90 000元
进项税额=65 000元
应纳税额=90 000−65 000= 25 000（元）
9.进项税额=72 800+180+180+1 040+9=74 209（元）
销项税额=1 130 000÷（1+13%）×13%+4 000×13%=130 520（元）
应纳增值税=130 520−74 209=56 311（元）
10.销项税额=218÷（1+9%）×9%+12.72÷（1+6%）×6%+67.8÷（1+13%）×13%
=18+0.72+7.8=26.52（万元）
应纳税额=26.52−3.9−5.2−7.8−2.6=7.02（万元）
11.销项税额=（203.4+113）÷（1+13%）×13%+109÷（1+9%）×9%=45.4（万元）
12.应纳税额=212÷（1+6%）×6%−1=11（万元）
13.2020年5月抵扣进项税额90万元。
2021年5月不得抵扣进项税额=900 000×80%=720 000（元）
14.纳税人在北京市乙区税务机关应预缴税款=（1 000−700）÷（1+5%）×5%
=14.29（万元）
纳税人向北京市甲区主管税务机关申报纳税时：
应纳税款=（1 000−700）÷（1+5%）×5%+70−14.29=70（万元）
15.销项税额=1000×9%=90（万元）
预缴税款=（1 000−600）×5%=20（万元）
应纳税额=90−20=70（万元）
16.应纳税额=（100−80）÷（1+5%）×5%=0.95（万元）
张三应在不动产所在地（海南）就该笔税款向海南税务机关申报纳税。
17.三种方案的销项税额=20 000×9%=1 800（元）

方案一：

进项税额=12 000÷1.13×13%=1 380.53（元）

应纳税额=1 800−1 380.53=419.47（元）

方案二：

进项税额=11 000÷1.03×3%=320.39（元）

应纳税额=1 800−320.39=1 479.61（元）

方案三：

进项税额=0

应纳税额=1 800−0=1 800（元）

18.（1）销项税额=10 000×13%=1 300（万元）

应纳税额=1 300−1 020=280（万元）

（2）销项税额=8 000×13%+2 000×9%=1 220（万元）

应纳税额=1 220−1 020=200（万元）

19.（1）销项税额=25 000×13%=3 250（万元）

增值税应纳税额=3 250−2 975=275（万元）

（2）风电设备增值税销项税额=24 000×13%=3 120（万元）

运费服务的增值税销项税额=1 000×9%=90（万元）

两个公司增值税应纳税额=3 120+90−2 975=235（万元）

20. 铁路旅客运输进项税额=545÷（1+9%）×9%=45（元）

21. 应纳增值税=6 000−（4 500+450）=1 050（元）

22.2021 年 10 月，纳税人将该大楼改变用途，用于允许抵扣项目，则 11 月可以抵扣的进项税额为：

不动产净值率=（2 180−2 180÷10）÷2 180×100%=90%

抵扣进项税额=180×90%=162（万元）

23. 纳税人应在 2020 年 5 月抵扣 180 万元，但是在 2021 年 4 月，纳税人将办公楼改造成员工食堂，所以不得抵扣的进项税额为 144 万元（180×80%）。

24.（1）预售收入应按规定预缴增值税=1 090÷（1+9%）×3%=30（万元）。由于预售尚未开发完毕的房地产项目未产生纳税义务，当月不能结转销项税额。只有等该房地产项目纳税义务发生，才能抵扣本月的留抵进项税额。

（2）销售完工房地产项目应申报增值税销项税额=2 180÷（1+9%）×9%=180（万元）。抵扣进项税额=160 万元，应纳增值税税额=180−160=20（万元）。

2019 年 8 月申报期内缴纳增值税 50 万元（30+20）。附加税费=50×12%=6（万元），其中，预售收入应缴附加税费 3.6 万元，完工产品销售收入应缴附加税费 2.4 万元。

（3）预售房开发完毕后：

未来预售的房产项目完工、移交，产生增值税纳税义务，结转预缴增值税 30 万元。以当期销售额 1 090 万元和 9% 的适用税率计算当期应纳税额，抵减已预缴税款后，向主管税务机关申报纳税。确定销项税额为 90 万元（1 090÷1.09×9%）。

纳税申报时，申报销项税额为 60 万元（90−30），可抵扣当期留抵进项税额。

25. 在B省应预缴的增值税：
当期预缴税额=（1 690−600）÷（1+9%）×2%=20（万元）
在C省应预缴的增值税：
当期预缴税额=（2 880−700）÷（1+9%）×2%=40（万元）
在总机构石家庄申报缴纳增值税：
当期申报缴纳税额=（1 690+2 880）÷（1+9%）×9%−54−63−9−130−20−40
=61.34（万元）

六、账务处理题

1. 相关会计处理如下：
（1）取得发票时，会计处理为：

	借方	贷方
借：固定资产——××施工设备	80 000	
应交税费——应交增值税（进项税额）	10 400	
贷：银行存款		90 400

（2）同时作进项税额转出处理：

	借方	贷方
借：固定资产——××施工设备	10 400	
贷：应交税费——应交增值税（进项税额转出）		104 00

2. 进项税额转出额=（60 000−12 000）×13%=6 240（元）

	借方	贷方
借：固定资产——福利部门用固定资产	54 240	
累计折旧	12 000	
贷：固定资产——生产经营用固定资产		60 000
应交税费——应交增值税（进项税额转出）		6 240

3. 相关会计处理如下：

	借方	贷方
借：固定资产	20 000 000	
应交税费——应交增值税（进项税额）	1 800 000	
贷：银行存款		21 800 000

4.

	借方	贷方
借：在建工程——××新建不动产	2 000 000	
贷：原材料——××材料		2 000 000

5.

	借方	贷方
借：固定资产——福利部门用固定资产	4 780	
贷：库存商品——××型号冰柜		4 000
应交税费——应交增值税（销项税额）		780

6.

	借方	贷方
借：应付职工薪酬——非货币性福利	56 500	
贷：主营业务收入		50 000
应交税费——应交增值税（销项税额）		6 500

7. 相关会计处理如下：

	借方	贷方
借：营业外支出——公益性捐赠支出	1 760 000	
贷：库存商品		1 500 000
应交税费——应交增值税（销项税额）		260 000

8. 相关会计处理如下：

（1）甲公司1月收取租金时：

借：银行存款　　282 500

　　贷：应收账款（或预收账款）——乙公司　　282 500

预收租金时发生纳税义务，销项税额=282 500÷（1+13%）×13%=32 500（元）。

借：应收账款（或预收账款）——乙公司　　32 500

　　贷：应交税费——应交增值税（销项税额）　　32 500

（2）甲公司1—12月每月结转租金收入=（282 500−32 500）÷12=20 833.33（元）

借：应收账款（或预收账款）——乙公司　　20 833.33

　　贷：其他业务收入——租金收入　　20 833.33

9. 相关会计处理如下：

（1）甲公司每年1月收取租金时：

借：银行存款　　123 600

　　贷：应收账款（或预收账款）——乙公司　　123 600

预收租金时发生纳税义务，应纳增值税税额=123 600÷（1+3%）×3%=3 600（元）。

借：应收账款（或预收账款）——乙公司　　3 600

　　贷：应交税费——简易计税　　3 600

（2）甲公司1—12月，每月结转租金收入=（123 600−3 600）÷12=10 000（元）。

借：应收账款（或预收账款）——乙公司　　10 000

　　贷：其他业务收入——租金收入　　10 000

全年共结转租金收入12万元。

10. 相关会计处理如下：

甲公司会计处理：

（1）每年1月收取租金时：

借：银行存款　　1 260 000

　　贷：应收账款（或预收账款）——乙公司　　1 260 000

预收租金时发生纳税义务，应纳增值税税额=1 260 000÷（1+5%）×5%=60 000（元）。

借：应收账款（或预收账款）——乙公司　　60 000

　　贷：应交税费——简易计税　　60 000

（2）1—12月，每月结转租金收入=（1 260 000−60 000）÷12=100 000（元）。

借：应收账款（或预收账款）——乙公司　　100 000

　　贷：其他业务收入——租金收入　　100 000

全年共结转租金收入120万元。

税款预缴与申报：

（1）在取得租金的次月纳税申报期或房屋所在地主管税务机关核定的纳税期限内预缴税款。预缴税款时，填写增值税预缴税款表。预缴税款后，取得完税凭证。

应预缴税款=1 260 000÷（1+5%）×5%=60 000（元）

甲公司预缴税款时，会计处理如下：

借：应交税费——简易计税　　60 000
　　贷：银行存款　　60 000

（2）在取得租金的次月纳税申报期或机构所在地主管税务机关核定的纳税期限内，办理纳税申报。

申报简易计税销售额为120万元，应纳税额为6万元，预缴税额为6万元。凭完税凭证，将预缴税款从本公司当期增值税应纳税额中抵减，抵减不完的，结转下期继续抵减。

11.相关会计处理如下：

甲公司会计处理：

（1）每年1月收取租金时：

借：银行存款　　1 308 000
　　贷：应收账款（或预收账款）——乙公司　　1 308 000

预收租金时发生纳税义务，销项税额=1 308 000÷（1+9%）×9%=108 000（元）。

借：应收账款（或预收账款）——乙公司　　108 000
　　贷：应交税费——应交增值税（销项税额）　　108 000

（2）1—12月，每月结转租金收入=（1 308 000−108 000）÷12=100 000（元）。

借：应收账款（或预收账款）——乙公司　　100 000
　　贷：其他业务收入——租金收入　　100 000

全年共结转租金收入120万元。

税款预缴与申报：

（1）在取得租金的次月纳税申报期或房屋所在地主管税务机关核定的纳税期限内预缴税款。预缴税款时，填写增值税预缴税款表。预缴税款后，取得完税凭证。

应预缴税款=1 308 000÷（1+9%）×3%=36 000（元）

甲公司预缴税款时，会计处理如下：

借：应交税费——预交增值税　　36 000
　　贷：银行存款　　36 000

月末，将“应交税费——预交增值税”科目余额转入“应交税费——未交增值税”科目：

借：应交税费——未交增值税　　36 000
　　贷：应交税费——预交增值税　　36 000

（2）在取得租金的次月纳税申报期或机构所在地主管税务机关核定的纳税期限，办理纳税申报。

申报计税销售额为120万元，销项税额为10.8万元，预缴税额为3.6万元。凭完税凭证，将预缴税款从本公司当期增值税应纳税额中抵减，抵减不完的，结转下期继续抵减。

12.增值税会计处理如下：

（1）10月，应交增值税=106 000÷（1+6%）×6%=6 000（元）。

借：投资收益　　6 000

贷：应交税费——转让金融商品应交增值税 6 000

缴纳增值税税额时：

借：应交税费——转让金融商品应交增值税 6 000

贷：银行存款 6 000

（2）11月，因金融商品卖出价减去买入价的差额为负数，故无须缴纳增值税。但其税额可结转下一纳税期与下期税额相抵。

可结转下期相抵的增值税税额=212 000÷（1+6%）×6%=12 000（元）

借：应交税费——转让金融商品应交增值税 12 000

贷：投资收益 12 000

（3）12月，计提转让金融商品应交增值税税额=159 000÷（1+6%）×6%=9 000（元）。

借：投资收益 9 000

贷：应交税费——转让金融商品应交增值税 9 000

12月末，与11月结转税额相抵后，“应交税费——转让金融商品应交增值税”科目借方余额为3 000元（12 000−9 000），故12月转让金融商品，无须缴纳增值税。但是，尚未相抵完的税额3 000元不得转入下一会计年度相抵，应予冲销。

借：投资收益 3 000

贷：应交税费——转让金融商品应交增值税 3 000

13.（1）购入劳务时：

借：管理费用 9 910

应交税费——应交增值税（进项税额） 900

——增值税加计抵减额 90

贷：银行存款 10 900

（2）提供劳务时：

借：应收账款 21 200

贷：主营业务收入 20 000

应交税费——应交增值税（销项税额） 1 200

（3）加计抵减时：

借：应交税费——应交增值税（减免税款） 90

贷：应交税费——增值税加计抵减额 90

（4）转出未交增值税：

应纳增值税=1 200−900−90=210（元）

借：应交税费——应交增值税（转出未交增值税） 210

贷：应交税费——未交增值税 210

14. 抵扣进项税额=5 000÷（1+9%）×9%=412.84（元）

借：管理费用——差旅费 4 745.88

应交税费——应交增值税（进项税额） 412.84

——增值税加计抵减额 41.28

贷：银行存款 5 200

15. 彩电不含税价=2 000×［1 900÷（1 900+300）］÷（1+13%）=1 528.56（元）

彩电含税价=1 528.56×（1+13%）=1 727.27（元）

机顶盒不含税价=（2 000−1 727.27）÷（1+13%）=241.35（元）

（1）收到现金：

借：库存现金　2 000

　　贷：主营业务收入——彩电　1 528.56

　　　　　　　　　　——机顶盒　241.35

　　　　应交税费——应交增值税（销项税额）　230.09

（2）结转成本：

借：主营业务成本——彩电　1 600

　　　　　　　　——机顶盒　200

　　贷：库存商品——彩电　1 600

　　　　　　　　——机顶盒　200

16.（1）按净值转入固定资产清理：

借：固定资产清理　5 311 000

　　累计折旧　339 000

　　贷：固定资产　5 650 000

（2）反映价款及增值税：

借：银行存款　10 900 000

　　贷：固定资产清理　10 000 000

　　　　应交税费——应交增值税（销项税额）　900 000

（3）支付相关费用：

借：固定资产清理　1 000 000

　　贷：银行存款　1 000 000

（4）向乙市预缴增值税：

预缴增值税=（1 090−565）÷（1+5%）×5%=25（万元）

预缴税款时：

借：应交税费——预交缴增值税　250 000

　　贷：银行存款　250 000

月末，将“应交税费——预交增值税”结转到“应交税费——未交增值税”账户。

借：应交税费——未交增值税　250 000

　　贷：应交税费——预交增值税　250 000

（5）结转净损益：

借：固定资产清理　3 689 000

　　贷：营业外收入　3 689 000

（6）向甲市主管税务机关申报纳税：对于预缴的增值税，可以从应纳税额（销项税额）中抵减。假如本期进项税额为50万元，则应纳增值税为15万元（90−25−50）。

17.（1）预收房款时，按预售收入应预缴增值税=1 090÷（1+9%）×3%=30（万元）。

由于预售尚未开发完毕的房地产项目未产生纳税义务，当月不能结转销项税额。只有等该房地产项目纳税义务发生后，才能抵扣本月的留抵进项税额。会计分录如下：

借：银行存款 10 900 000
　　贷：预收账款 10 900 000
借：应交税费——预交增值税 300 000
　　税金及附加 36 000
　　贷：银行存款 336 000

（2）销售完工房地产项目取得销售收入时，应申报增值税销项税额=2 180÷（1+9%）×9%=180（万元）。抵扣进项税额为160万元，应纳增值税税额=180−160=20（万元）。会计分录如下：

借：银行存款 21 800 000
　　贷：主营业务收入 20 000 000
　　　　应交税费——应交增值税（销项税额） 1 800 000

缴纳增值税及附加税时：

借：应交税费——未交增值税 200 000
　　税金及附加 24 000
　　贷：银行存款 224 000

2020年8月申报期内缴纳增值税50万元（30+20）。附加税费=50×12%=6（万元），其中，预售收入应缴附加税费3.6万元，完工产品销售收入应缴附加税费2.4万元。

（3）未来预售的房产项目完工、移交，产生增值税纳税义务，结转预缴增值税30万元，并以当期销售额1 090万元和9%的适用税率计算当期应纳税额，抵减已预缴税款后，向主管税务机关申报纳税。确定销项税额90万元（1 090÷1.09×9%）。

纳税申报时，申报销项税额60万元（90−30），可抵扣当期留抵进项税额。会计分录如下：

借：预收账款 10 900 000
　　贷：主营业务收入 10 000 000
　　　　应交税费——应交增值税（销项税额） 900 000
借：应交税费——未交增值税 300 000
　　贷：应交税费——预交增值税 300 000

18. 应纳城市维护建设税=（100 000+50 000）×7%=10 500（元）

账务处理如下：

（1）计提城市维护建设税时：

借：税金及附加 10 500
　　贷：应交税费——应交城市维护建设税 10 500

（2）实际缴纳城市维护建设税时：

借：应交税费——应交城市维护建设税 10 500
　　贷：银行存款 10 500

七、综合实训题

实训一 一般纳税人增值税纳税申报表的填报

1. 该企业2021年6月增值税计算如下：

（1）进项税额=65 000+180=65 180（元）

（2）进项税额=100 000×9%=9 000（元）

（3）进项税额=13 000+15 600=28 600（元）

（4）进项税额=360元

（5）进项税额=260元

（6）不能抵扣进项税额。

（7）销项税额=100×10 000×（1−10%）×13%=117 000（元）

（8）销项税额=16 950÷（1+13%）×13%=1 950（元）

（9）销项税额=26 000元

（10）销项税额=800×13%=104（元）

（11）可以抵扣。

（12）销项税额=20 000×（1+10%）×13%=2 860（元）

（13）销项税额=30 000×13%=3 900（元）

（14）销项税额=−2 600元

（15）进项税额转出=3 000×13%=390（元）

进项税额=65 180+9 000+28 600+360+260=103 400（元）

进项税额转出=390元

销项税额=117 000+1 950+26 000+104+2 860+3 900−2 600=149 214（元）

当期应纳税额=149 214−（103 400−390）−3 800=42 404（元）

2. 会计分录略。

3. 编制增值税纳税申报表主表及其附表（见表2-21至表2-24）。

表 2-21

增值税纳税申报表

（一般纳税人适用）

根据国家税收法律法规及增值税相关规定制定本表。纳税人无论有无销售额，均应按税务机关核定的纳税期限填写本表，并向当地税务机关申报。

税款所属时间：自 2021 年 06 月 01 日至 2019 年 06 月 30 日　　　　填表日期：2021 年 07 月 10 日

金额单位：元至角分

纳税人识别号：1 3 0 2 0 3 0 0 0 0 2 0 0 0 0 0 0 8　　　　所属行业：

纳税人名称	唐山宏达股份有限公司（公章）	法定代表人姓名		注册地址		生产经营地址	
开户银行及账号		登记注册类型				电话号码	

	项目	栏次	一般项目		即征即退项目	
			本月数	本年累计	本月数	本年累计
销售额	（一）按适用税率计税销售额	1	1 147 800			
	其中：应税货物销售额	2	1 147 800			
	应税劳务销售额	3				
	纳税检查调整的销售额	4				
	（二）按简易办法计税销售额	5				
	其中：纳税检查调整的销售额	6				
	（三）免、抵、退办法出口销售额	7			—	—
	（四）免税销售额	8			—	—
	其中：免税货物销售额	9			—	—
	免税劳务销售额	10			—	—
税款计算	销项税额	11	149 214			
	进项税额	12	103 400			
	上期留抵税额	13	3 800			—
	进项税额转出	14	390			
	免、抵、退应退税额	15			—	—
	按适用税率计算的纳税检查应补缴税额	16			—	—
	应抵扣税额合计	17=12+13-14-15+16	106 810	—		—
	实际抵扣税额	18（如 17<11，则为 17，否则为 11）	106 810			

续表

项目		栏次	一般项目		即征即退项目	
			本月数	本年累计	本月数	本年累计
税款计算	应纳税额	19=11-18	42 404			
	期末留抵税额	20=17-18				—
	简易计税办法计算的应纳税额	21				
	按简易计税办法计算的纳税检查应补缴税额	22			—	—
	应纳税额减征额	23				
	应纳税额合计	24=19+21-23	42 404			
税款缴纳	期初未缴税额（多缴为负数）	25				
	实收出口开具专用缴款书退税额	26			—	—
	本期已缴税额	27=28+29+30+31				
	①分次预缴税额	28		—		—
	②出口开具专用缴款书预缴税额	29		—	—	—
	③本期缴纳上期应纳税额	30				
	④本期缴纳欠缴税额	31				
	期末未缴税额（多缴为负数）	32=24+25+26-27	42 404			
	其中：欠缴税额（≥0）	33=25+26-27		—		—
	本期应补（退）税额	34 = 24-28-29	42 404	—		—
	即征即退实际退税额	35	—	—		
	期初未缴查补税额	36			—	—
	本期入库查补税额	37			—	—
	期末未缴查补税额	38=16+22+36-37			—	—

授权声明	如果你已委托代理人申报，请填写下列资料： 为代理一切税务事宜，现授权 （地址） 为本纳税人的代理申报人，任何与本申报表有关的往来文件，都可寄与此人。 授权人签字：	申报人声明	本纳税申报表是根据国家税收法律法规及相关规定填报的，我确定它是真实的、可靠的、完整的。 声明人签字：

主管税务机关： 接收人： 接收日期：

表2-22　　增值税纳税申报表附列资料（一）

（本期销售情况明细）

税款所属时间：2021年06月01日至2021年06月30日

纳税人名称：（公章）　　　　金额单位：元至角分

项目及栏次				开具增值税专用发票		开具其他发票		未开具发票		纳税检查调整		合计			服务、不动产和无形资产扣除项目本期实际扣除金额	扣除后	
				销售额	销项（应纳）税额	销售额	销项（应纳）税额	销售额	销项（应纳）税额	销售额	销项（应纳）税额	销售额	销项（应纳）税额	价税合计		含税（免税）销售额	销项（应纳）税额
				1	2	3	4	5	6	7	8	9=1+3+5+7	10=2+4+6+8	11=9+10	12	13=11-12	14=13÷（100%+税率或征收率）×税率或征收率
一、一般计税方法计税	全部征税项目	13%税率的货物及加工修理修配劳务	1	1 102 000	143 260	15 000	1 950	30 800	4 004			1 147 800	149 214	—	—	—	—
		13%税率的服务、不动产和无形资产	2														
		9%税率的货物及加工修理修配劳务	3											—	—	—	—
		9%税率的服务、不动产和无形资产	4														
		6%税率	5														
	其中：即征即退项目	即征即退货物及加工修理修配劳务	6	—	—	—	—	—	—	—	—			—	—	—	—
		即征即退服务、不动产和无形资产	7	—	—	—	—	—	—	—	—						
二、简易计税方法计税	全部征税项目	6%征收率	8							—	—			—	—	—	—
		5%征收率的货物及加工修理修配劳务	9a							—	—			—	—	—	—
		5%征收率的服务、不动产和无形资产	9b							—	—						
		4%征收率	10							—	—			—	—	—	—
		3%征收率的货物及加工修理修配劳务	11							—	—			—	—	—	
		3%征收率的服务、不动产和无形资产	12							—	—						
		预征率　%	13a							—	—						
		预征率　%	13b							—	—						
		预征率　%	13c							—	—						
	其中：即征即退项目	即征即退货物及加工修理修配劳务	14	—	—	—	—	—	—	—	—			—	—	—	—
		即征即退服务、不动产和无形资产	15	—	—	—	—	—	—	—	—						
三、免抵退税	货物及加工修理修配劳务		16		—		—		—	—	—		—	—	—	—	—
	服务、不动产和无形资产		17	—	—		—		—	—	—		—				—
四、免税	货物及加工修理修配劳务		18				—		—	—	—		—	—	—	—	—
	服务、不动产和无形资产		19	—	—		—		—	—	—		—				—

表 2-23

增值税纳税申报表附列资料（二）

（本期进项税额明细）

税款所属时间：2021 年 06 月 01 日至 2021 年 06 月 30 日

纳税人名称：（公章）　　　　金额单位：元至角分

一、申报抵扣的进项税额				
项目	栏次	份数	金额	税额
（一）认证相符的增值税专用发票	1=2+3	6	51 6000	94 400
其中：本期认证相符且本期申报抵扣	2	6	516 000	94 400
前期认证相符且本期申报抵扣	3			
（二）其他扣税凭证	4=5+6+7+8a+8b	1	100 000	9 000
其中：海关进口增值税专用缴款书	5			
农产品收购发票或者销售发票	6	1	100 000	9 000
代扣代缴税收缴款凭证	7		—	
加计扣除农产品进项税额	8a	—	—	
其他	8b			
（三）本期用于购建不动产的扣税凭证	9			
（四）本期用于抵扣的旅客运输服务扣税凭证	10			
（五）外贸企业进项税额抵扣证明	11	—	—	
当期申报抵扣进项税额合计	12=1+4+11	7	616 000	103 400

续表

二、进项税额转出额		
项目	栏次	税额
本期进项税额转出额	13=14至23之和	390
其中：免税项目用	14	
集体福利、个人消费	15	
非正常损失	16	390
简易计税方法征税项目用	17	
免抵退税办法不得抵扣的进项税额	18	
纳税检查调减进项税额	19	
红字专用发票信息表注明的进项税额	20	
上期留抵税额抵减欠税	21	
上期留抵税额退税	22	
其他应作进项税额转出的情形	23	

续表

三、待抵扣进项税额				
项目	栏次	份数	金额	税额
（一）认证相符的增值税专用发票	24	—	—	—
期初已认证相符但未申报抵扣	25			
本期认证相符且本期未申报抵扣	26			
期末已认证相符但未申报抵扣	27			
其中：按照税法规定不允许抵扣	28			
（二）其他扣税凭证	29=30至33之和			
其中：海关进口增值税专用缴款书	30			
农产品收购发票或者销售发票	31			
代扣代缴税收缴款凭证	32		—	
其他	33			
	34			

四、其　他				
项目	栏　次	份数	金额	税额
本期认证相符的增值税专用发票	35			
代扣代缴税额	36	—	—	

表2-24 增值税纳税申报表附列资料（三）

（服务、不动产和无形资产扣除项目明细）

税款所属时间： 年 月 日至 年 月 日

纳税人名称：（公章） 金额单位：元至角分

项目及栏次		本期服务、不动产和无形资产价税合计额（免税销售额）	服务、不动产和无形资产扣除项目				
			期初余额	本期发生额	本期应扣除金额	本期实际扣除金额	期末余额
		1	2	3	4=2+3	5（5≤1且5≤4）	6=4-5
13%税率的项目	1						
9%税率的项目	2						
6%税率的项目（不含金融商品转让）	3						
6%税率的金融商品转让项目	4						
5%征收率的项目	5						
3%征收率的项目	6						
免抵退税的项目	7						
免税的项目	8						

实训二 一般纳税人不允许抵扣的不动产发生用途变化，用于允许抵扣项目的填列

该项不动产的净值率=［1 090-1 090÷（10×12）×12］÷1 090×100%=90%

可抵扣进项税额=增值税扣税凭证注明或计算的进项税额×不动产净值率

=90×90%=81（万元）

编制的“增值税纳税申报表附列资料（二）（本期进项税额明细）”见表2-25。

表2-25 增值税纳税申报表附列资料（二）

（本期进项税额明细）

税款所属时间：2021年06月01日至2021年06月30日

纳税人名称：（公章） 金额单位：元至角分

一、申报抵扣的进项税额				
项目	栏次	份数	金额	税额
（一）认证相符的增值税专用发票	1=2+3		10 000 000	900 000
其中：本期认证相符且本期申报抵扣	2		10 000 000	900 000
前期认证相符且本期申报抵扣	3			
（二）其他扣税凭证	4=5+6+7+8a+8b			
其中：海关进口增值税专用缴款书	5			
农产品收购发票或者销售发票	6			
代扣代缴税收缴款凭证	7		—	
加计扣除农产品进项税额	8a	—	—	

续表

项目	栏次	份数	金额	税额
其他	8b			
(三) 本期用于购建不动产的扣税凭证	9			
(四) 本期用于抵扣的旅客运输服务扣税凭证	10			
(五) 外贸企业进项税额抵扣证明	11	—	—	
当期申报抵扣进项税额合计	12=1+4+11		10 000 000	900 000
二、进项税额转出额				
项目	栏次	税额		
本期进项税额转出额	13=14至23之和			
其中：免税项目用	14			
集体福利、个人消费	15			
非正常损失	16			
简易计税方法征税项目用	17			
免抵退税办法不得抵扣的进项税额	18			
纳税检查调减进项税额	19			
红字专用发票信息表注明的进项税额	20			
上期留抵税额抵减欠税	21			
上期留抵税额退税	22			
其他应作进项税额转出的情形	23			
三、待抵扣进项税额				
项目	栏次	份数	金额	税额
(一) 认证相符的增值税专用发票	24	—	—	—
期初已认证相符但未申报抵扣	25			
本期认证相符且本期未申报抵扣	26			
期末已认证相符但未申报抵扣	27			
其中：按照税法规定不允许抵扣	28			
(二) 其他扣税凭证	29=30至33之和			
其中：海关进口增值税专用缴款书	30			
农产品收购发票或者销售发票	31			
代扣代缴税收缴款凭证	32		—	
其他	33			
	34			
四、其他				
项目	栏次	份数	金额	税额
本期认证相符的增值税专用发票	35			
代扣代缴税额	36	—	—	

实训三 一般纳税人发生服务、不动产和无形资产扣除项目的填列

按照政策规定：金融商品转让，按照卖出价扣除买入价后的余额为销售额。转让金融商品出现的正负差，按盈亏相抵后的余额为销售额。若相抵后出现负差，可结转下一纳税期与下期转让金融商品销售额相抵，但年末时仍出现负差的，不得转入下一个会计年度。

编制的2020年12月、2021年1月的“增值税纳税申报表附列资料（三）（服务、不动产和无形资产扣除项目明细）”，分别见表2-26、表2-27。

表2-26 增值税纳税申报表附列资料（三）

（服务、不动产和无形资产扣除项目明细）

税款所属时间：2020年12月01日至2020年12月31日

纳税人名称：（公章） 金额单位：元至角分

项目及栏次		本期服务、不动产和无形资产价税合计额（免税销售额）	服务、不动产和无形资产扣除项目				
			期初余额	本期发生额	本期应扣除金额	本期实际扣除金额	期末余额
		1	2	3	4=2+3	5（5≤1且5≤4）	6=4-5
13%税率的项目	1						
9%税率的项目	2						
6%税率的项目（不含金融商品转让）	3	2 000 000	0	2 100 000	2 100 000	2 000 000	100 000
6%税率的金融商品转让项目	4						
5%征收率的项目	5						
3%征收率的项目	6						
免抵退税的项目	7						
免税的项目	8						

表2-27 增值税纳税申报表附列资料（三）

（服务、不动产和无形资产扣除项目明细）

税款所属时间：2021年01月01日至2021年01月31日

纳税人名称：（公章） 金额单位：元至角分

项目及栏次		本期服务、不动产和无形资产价税合计额（免税销售额）	服务、不动产和无形资产扣除项目				
			期初余额	本期发生额	本期应扣除金额	本期实际扣除金额	期末余额
		1	2	3	4=2+3	5（5≤1且5≤4）	6=4-5
13%税率的项目	1						
9%税率的项目	2						
6%税率的项目（不含金融商品转让）	3	1 100 000	0	1 000 000	1 000 000	1 000 000	0
6%税率的金融商品转让项目	4						
5%征收率的项目	5						
3%征收率的项目	6						
免抵退税的项目	7						
免税的项目	8						

实训四　小规模纳税人增值税纳税申报表的填报

（1）应纳增值税=41 200÷（1+3%）×3%=1 200（元）

（2）应纳增值税=6 180÷（1+3%）×3%=180（元）

（3）应纳增值税=600元

应纳增值税合计=1 200+180+600=1 980（元）

会计分录略。

编制的“增值税纳税申报表（小规模纳税人适用）”见表2-28。

表2-28　增值税纳税申报表

（小规模纳税人适用）

纳税人识别号（统一社会信用代码）：130203000020000008

纳税人名称：（公章）唐山市方正有限责任公司

税款所属期：2021年6月1日至2021年6月30日　　填表日期：2021年7月5日

金额单位：元至角分

	项目	栏次	本期数		本年累计	
			货物及劳务	服务、不动产和无形资产	货物及劳务	服务、不动产和无形资产
一、计税依据	（一）应征增值税不含税销售额（3%征收率）	1	46 000			
	税务机关代开的增值税专用发票不含税销售额	2	20 000			
	税控器具开具的普通发票不含税销售额	3				
	（二）应征增值税不含税销售额（5%征收率）	4	—		—	
	税务机关代开的增值税专用发票不含税销售额	5	—		—	
	税控器具开具的普通发票不含税销售额	6	—		—	
	（三）销售使用过的固定资产不含税销售额	7（7≥8）		—		—
	其中：税控器具开具的普通发票不含税销售额	8		—		—
	（四）免税销售额	9=10+11+12				
	其中：小微企业免税销售额	10				
	未达起征点销售额	11				
	其他免税销售额	12				
	（五）出口免税销售额	13（13≥14）				
	其中：税控器具开具的普通发票销售额	14				
二、税款计算	本期应纳税额	15	1 980			
	本期应纳税额减征额	16				
	本期免税额	17				
	其中：小微企业免税额	18				
	未达起征点免税额	19				
	应纳税额合计	20=15-16	1 980			
	本期预缴税额	21			—	—
	本期应补（退）税额	22=20-21			—	—

续表

<table>
<tr><td>纳税人或代理人声明：</td><td colspan="3">如纳税人填报，由纳税人填写以下各栏：</td></tr>
<tr><td rowspan="3">本纳税申报表是根据国家税收法律法规及相关规定填报的，我确定它是真实的、可靠的、完整的。</td><td colspan="2">办税人员：
法定代表人：</td><td>财务负责人：
联系电话：</td></tr>
<tr><td colspan="3">如委托代理人填报，由代理人填写以下各栏：</td></tr>
<tr><td>代理人名称（公章）：</td><td>经办人：</td><td>联系电话：</td></tr>
</table>

主管税务机关：　　　　　　　　接收人：　　　　　　　　接收日期：

实训五　增值税小规模纳税人销售、出租不动产项目的填列

小规模纳税人销售其取得（不含自建）的不动产，应以取得的全部价款和价外费用减去该项不动产购置原价或者取得不动产时的作价后的余额为销售额，按照5%的征收率计算应纳税额。

该纳税人销售不动产的不含税销售额=（30.50−20）÷（1＋5%）=10（万元）

纳税人转让金融商品的，按照卖出价扣除买入价后的余额为销售额。

该纳税人卖出金融商品的不含税销售额=（11.03−10）÷（1+3%）=1（万元）

增值税应纳税额=10×5%+1×3%=0.53（万元）

编制的“增值税纳税申报表（小规模纳税人适用）”见表2-29。

表2-29　　增值税纳税申报表

（小规模纳税人适用）

纳税人识别号（统一社会信用代码）：□□□□□□□□□□□□□□□□□□□□

纳税人名称：　　　　　　　　　　　　　　　　　　　　金额单位：元至角分

税款所属期：2021年6月1日至2021年6月30日　　　　填表日期：2021年07月10日

<table>
<tr><td rowspan="2"></td><td rowspan="2">项目</td><td rowspan="2">栏次</td><td colspan="2">本期数</td><td colspan="2">本年累计</td></tr>
<tr><td>货物及劳务</td><td>服务、不动产和无形资产</td><td>货物及劳务</td><td>服务、不动产和无形资产</td></tr>
<tr><td rowspan="8">一、计税依据</td><td>（一）应征增值税不含税销售额（3%征收率）</td><td>1</td><td></td><td>10 000</td><td></td><td></td></tr>
<tr><td>税务机关代开的增值税专用发票不含税销售额</td><td>2</td><td></td><td></td><td></td><td></td></tr>
<tr><td>税控器具开具的普通发票不含税销售额</td><td>3</td><td></td><td></td><td></td><td></td></tr>
<tr><td>（二）应征增值税不含税销售额（5%征收率）</td><td>4</td><td>—</td><td>100 000</td><td>—</td><td></td></tr>
<tr><td>税务机关代开的增值税专用发票不含税销售额</td><td>5</td><td>—</td><td></td><td>—</td><td></td></tr>
<tr><td>税控器具开具的普通发票不含税销售额</td><td>6</td><td>—</td><td></td><td>—</td><td></td></tr>
<tr><td>（三）销售使用过的固定资产不含税销售额</td><td>7（7≥8）</td><td></td><td>—</td><td></td><td>—</td></tr>
<tr><td>其中：税控器具开具的普通发票不含税销售额</td><td>8</td><td></td><td>—</td><td></td><td>—</td></tr>
</table>

续表

	项目	栏次	本期数		本年累计	
			货物及劳务	服务、不动产和无形资产	货物及劳务	服务、不动产和无形资产
一、计税依据	（四）免税销售额	9=10+11+12				
	其中：小微企业免税销售额	10				
	未达起征点销售额	11				
	其他免税销售额	12				
	（五）出口免税销售额	13（13≥14）				
	其中：税控器具开具的普通发票销售额	14				
二、税款计算	本期应纳税额	15		5 300		
	本期应纳税额减征额	16				
	本期免税额	17				
	其中：小微企业免税额	18				
	未达起征点免税额	19				
	应纳税额合计	20=15-16		5 300		
	本期预缴税额	21			—	—
	本期应补（退）税额	22=20-21		5 300	—	—

纳税人或代理人声明：本纳税申报表是根据国家税收法律法规及相关规定填报的，我确定它是真实的、可靠的、完整的。

如纳税人填报，由纳税人填写以下各栏：

办税人员：　　财务负责人：

法定代表人：　　联系电话：

如委托代理人填报，由代理人填写以下各栏：

代理人名称（公章）：　　经办人：　　联系电话：

主管税务机关：　　接收人：　　接收日期：

实训六　城市维护建设税、教育费附加的申报

应缴纳的城市维护建设税=（200 000+50 000）×7%=17 500（元）

教育费附加=（200 000+50 000）×3%=7 500（元）

地方教育附加=（200 000+50 000）×2%=5 000（元）

编制的“城市维护建设税 教育费附加 地方教育附加申报表”见表2-30。

表 2-30　　　　城市维护建设税　教育费附加　地方教育附加申报表

税款所属期限：自 2021 年 06 月 01 日至 2021 年 06 月 30 日

纳税人识别号（统一社会信用代码）：□□□□□□□□□□□□□□□□□□□□□□

纳税人名称：　　　　　　　　　　　　金额单位：人民币元（列至角分）

本期是否适用增值税小规模纳税人减征政策 （减免性质代码__城市维护建设税：07049901，减免性质代码_教育费附加：61049901，减免性质代码_地方教育附加：99049901）	□是 □否	减征比例_城市维护建设税（%）	
		减征比例_教育费附加（%）	
		减征比例_地方教育附加（%）	

税（费）种	计税（费）依据					税率（征收率）	本期应纳税（费）额	本期减免税（费）额		本期增值税小规模纳税人减征额	本期已缴税（费）额	本期应补（退）税（费）额
	增值税		消费税	营业税	合计			减免性质代码	减免税（费）额			
	一般增值税	免抵税额										
	1	2	3	4	5=1+2+3+4	6	7=5×6	8	9	10	11	12=7-9-10-11
城建税	200 000		50 000		250 000	7%	17 500				0	17 500
教育费附加	200 000		50 000		250 000	3%	7 500				0	7 500
地方教育附加	200 000		50 000		250 000	2%	5 000				0	5 000
—												
合计	—					—						30 000

谨声明：本纳税申报表是根据国家税收法律法规及相关规定填报的，是真实的、可靠的、完整的。

纳税人（签章）：　　　　年　月　日

经办人： 经办人身份证号： 代理机构签章： 代理机构统一社会信用代码：	受理人： 受理税务机关（章）： 受理日期：　年　月　日

项目三　消费税

一、单项选择题

1.A　2.D　3.A　4.C　5.A　6.D　7.A　8.C　9.A　10.A　11.A　12.A　13.C　14.D　15.A

二、多项选择题

1.ABC　2.ACD　3.AC　4.BC　5.ABD　6.ABCD　7.ABC　8.ABCD　9.ABCD　10.ABD　11.ABD　12.BCD　13.ABCD　14.ABCD　15.ABCD

三、判断题

1.× 2.✓ 3.× 4.× 5.× 6.✓ 7.× 8.× 9.✓ 10.✓ 11.✓ 12.✓ 13.× 14.✓ 15.×

四、简答题

（略）

五、实务题

1.5月应纳消费税=400 000×15%+22 600÷（1+13%）×15%=63 000（元）

2.50 000÷200=250（条）

50 000÷250=200（元）

200元＞70元，该卷烟适用的比例税率为56%。

可抵扣烟丝消费税 = 113 000÷（1+13%）×30%=30 000（元）

8月销售卷烟应纳的消费税=（50 000×10×56%+10×150）−30 000

=（280 000+1 500）−30 000=251 500（元）

会计分录略。

3.应纳消费税=2 000×100×（1+5%）÷（1−15%）×15%=37 058.82（元）

会计分录略。

4.（1）应纳消费税=50×240=12 000（元）

销项税额=50×4 520÷（1+13%）×13%=26 000（元）

（2）应纳消费税=40×240=9 600（元）

销项税额=180 800÷（1+13%）×13%=20 800（元）

（3）应纳消费税=5×240=1 200（元）

销项税额=40 000×13%=5 200（元）

该公司应纳的消费税=12 000+9 600+1 200=22 800（元）

会计分录略。

5.（1）进项税额=26 000元

（2）进项税额=10 400元

（3）烟丝应纳的消费税=（200 000+80 000）÷（1−30%）×30%=120 000（元）

销项税额=46 800元

（4）销项税额=5 000×200×13%=130 000（元）

卷烟应纳的消费税=（5 000×200×36%+200×150）−60 000

=390 000−60 000=330 000（元）

受托方代收代缴的消费税=120 000元

会计分录略。

6.（1）进口高档化妆品应纳的消费税=（80 000+40 000）÷（1−15%）×15%

=21 176.47（元）

（2）委托加工的高档化妆品应纳的消费税=（100 000+60 000）÷（1−15%）×15%

=28 235.29（元）

会计分录略。

7.应纳消费税=100×12 500×11%+50×250=150 000（元）

六、综合实训题

（1）销项税额=3 200×2×13%=832（元）

应纳的消费税=250×2=500（元）

（2）销项税额=6 000×30×13%=23 400（元）

应纳的消费税=6 500×30×20%+30×2 000×0.5=69 000（元）

（3）销项税额=10 000×（1+5%）÷（1−15%）×13%=1 605.88（元）

应纳的消费税=10 000×（1+5%）÷（1−15%）×15%=1 852.94（元）

（4）销项税额=300 000×13%=39 000（元）

应纳的消费税=（300 000×36%+20×150）−79 100÷（1+13%）×30%

=111 000−21 000=90 000（元）

（5）进项税额=6 000×6.2×（1+50%）÷（1−15%）×13%=8 534.12（元）

应纳的消费税=6 000×6.2×（1+50%）÷（1−15%）×15%=9 847.06（元）

（6）代收代缴的消费税=（80 000+5 000+10 000）÷（1−15%）×15%

=16 764.71（元）

进项税额=10 000×13%+8 000×9%=2 020（元）

销项税额=160 000×13%=20 800（元）

该公司应纳的增值税=（832+23 400+1 605.88+39 000+20 800）−（8 534.12+2 020）

=85 637.88−10 554.12=75 083.76（元）

该公司应纳的消费税=500+69 000+1 852.94+90 000+9 847.06

=171 200（元）

代收代缴的消费税=16 764.71元

编制的消费税纳税申报表分别见表3-12至表3-14。

表3-12　　烟类应税消费品消费税纳税申报表

税款所属期：2021年5月1日至2021年5月31日

纳税人名称：（公章）唐山盛华股份有限公司

纳税人识别号（统一社会信用代码）：1 3 0 2 0 3 7 8 5 6 2 4 9 0 0 0 × ×

填表日期：2021年6月5日　单位：卷烟万支、雪茄烟支、烟丝千克；金额单位：元（列至角分）

项目 应税消费品名称	适用税率		销售数量	本期销售额	本期应纳税额
	定额税率	比例税率			
甲类卷烟					
乙类卷烟	30元/万支	36%	100	300 000	111 000
雪茄烟					
烟丝					
合　计	—	—	—	—	111 000

续表

<table>
<tr><td>本期准予扣除税额：21 000</td><td rowspan="3">声　明
此纳税申报表是根据国家税收法律的规定填报的，我确定它是真实的、可靠的、完整的。
经办人（签章）：
财务负责人（签章）：
联系电话：</td></tr>
<tr><td>本期减（免）税额：</td></tr>
<tr><td>期初未缴税额：</td></tr>
<tr><td>本期缴纳前期应纳税额：</td><td rowspan="4">（如果你已委托代理人申报，请填写）
授权声明
为代理一切税务事宜，现授权________________（地址）____________为本纳税人的代理申报人，任何与本申报表有关的往来文件，都可寄与此人。
授权人签章：</td></tr>
<tr><td>本期预缴税额：</td></tr>
<tr><td>本期应补（退）税额：90 000</td></tr>
<tr><td>期末未缴税额：</td></tr>
</table>

以下由税务机关填写

受理人（签章）：　　　　受理日期：　年　月　日　　　　受理税务机关（章）：

表 3-13　　酒类应税消费品消费税纳税申报表

税款所属期：2021 年 5 月 1 日至 2021 年 5 月 31 日

纳税人名称：（公章）唐山盛华股份有限公司

纳税人识别号（统一社会信用代码）：13020378562490000××

填表日期：2021 年 6 月 5 日　　　　金额单位：元（列至角分）

<table>
<tr><td rowspan="2">项目
应税
消费品名称</td><td colspan="2">适用税率</td><td rowspan="2">销售数量</td><td rowspan="2">销售额</td><td rowspan="2">应纳税额</td></tr>
<tr><td>定额税率</td><td>比例税率</td></tr>
<tr><td>粮食白酒</td><td>0.5 元/500 克</td><td>20%</td><td>30 000 千克</td><td>195 000</td><td>69 000</td></tr>
<tr><td>薯类白酒</td><td>0.5 元/500 克</td><td>20%</td><td></td><td></td><td></td></tr>
<tr><td>啤酒</td><td>250 元/吨</td><td>—</td><td>2 吨</td><td></td><td>500</td></tr>
<tr><td>啤酒</td><td>220 元/吨</td><td>—</td><td></td><td></td><td></td></tr>
<tr><td>黄酒</td><td>240 元/吨</td><td>—</td><td></td><td></td><td></td></tr>
<tr><td>其他酒</td><td>—</td><td>10%</td><td></td><td></td><td></td></tr>
<tr><td>合　计</td><td>—</td><td>—</td><td>—</td><td>—</td><td>69 500</td></tr>
<tr><td colspan="4">本期准予抵减税额：</td><td colspan="2" rowspan="3">声　明
此纳税申报表是根据国家税收法律的规定填报的，我确定它是真实的、可靠的、完整的。
经办人（签章）：
财务负责人（签章）：
联系电话：</td></tr>
<tr><td colspan="4">本期减（免）税额：</td></tr>
<tr><td colspan="4">期初未缴税额：</td></tr>
<tr><td colspan="4">本期缴纳前期应纳税额：</td><td colspan="2" rowspan="4">（如果你已委托代理人申报，请填写）
授权声明
为代理一切税务事宜，现授权____________（地址）________为本纳税人的代理申报人，任何与本申报表有关的往来文件，都可寄与此人。
授权人签章：</td></tr>
<tr><td colspan="4">本期预缴税额：</td></tr>
<tr><td colspan="4">本期应补（退）税额：69 500</td></tr>
<tr><td colspan="4">期末未缴税额：</td></tr>
</table>

以下由税务机关填写

受理人（签章）：　　　　受理日期：　年　月　日　　　　受理税务机关（章）：

表 3-14　　其他应税消费品消费税纳税申报表

税款所属期：2021 年 05 月 01 日至 2021 年 05 月 31 日

纳税人名称：（公章）唐山盛华股份有限公司

纳税人识别号（统一社会信用代码）：1 3 0 2 0 3 7 8 5 6 2 4 9 0 0 0 × ×

填表日期：2021 年 06 月 05 日　　金额单位：元（列至角分）

<table>
<tr><td>项目
应税
消费品名称</td><td>适用税率</td><td>销售数量</td><td>销售额</td><td>应纳税额</td></tr>
<tr><td>高档化妆品</td><td>15%</td><td></td><td>78 000</td><td>11 700</td></tr>
<tr><td></td><td></td><td></td><td></td><td></td></tr>
<tr><td></td><td></td><td></td><td></td><td></td></tr>
<tr><td></td><td></td><td></td><td></td><td></td></tr>
<tr><td>合　计</td><td>—</td><td>—</td><td>—</td><td>11 700</td></tr>
<tr><td colspan="3">本期准予抵减税额：</td><td colspan="2" rowspan="3">声　明
此纳税申报表是根据国家税收法律的规定填报的，我确定它是真实的、可靠的、完整的。
经办人（签章）：
财务负责人（签章）：
联系电话：</td></tr>
<tr><td colspan="3">本期减（免）税额：</td></tr>
<tr><td colspan="3">期初未缴税额：</td></tr>
<tr><td colspan="3">本期缴纳前期应纳税额：</td><td colspan="2" rowspan="4">（如果你已委托代理人申报，请填写）
授权声明
为代理一切税务事宜，现授权________ ________（地址）____________为本纳税人的代理申报人，任何与本申报表有关的往来文件，都可寄与此人。
授权人签章：</td></tr>
<tr><td colspan="3">本期预缴税额：</td></tr>
<tr><td colspan="3">本期应补（退）税额：11 700</td></tr>
<tr><td colspan="3">期末未缴税额：</td></tr>
</table>

以下由税务机关填写

受理人（签章）：　　受理日期：　年　月　日　　受理税务机关（章）：

项目四　关税

一、单项选择题

1.C　2.B　3.C　4.D　5.D　6.C　7.C　8.B　9.B　10.A

二、多项选择题

1.ABC 2.AC 3.ACD 4.ADE 5.ABCD 6.ACD 7.ABD 8.BCD 9. ABCDEF 10.ABC

三、判断题

1.× 2.× 3.× 4.× 5.× 6.× 7.✓ 8.× 9.✓ 10.×

四、简答题

（略）

五、实务题

1.完税价格=1 660+35=1 695（万元）
应缴纳的关税=1 695×20%=339（万元）
应缴纳的增值税税额=1 695×（1+20%）×13%=264.42（万元）
2.完税价格=7+4=11（万元）
应缴纳的关税=11×25%=2.75（万元）
应缴纳的增值税税额=11×（1+25%）÷（1−12%）×13%=2.03125（万元）
3.完税价格=（50 000−25×10×35）÷（1+15%）=35 869.57（元）
应缴纳的关税=35 869.57×15%=5 380.44（元）
4.完税价格=800 000+8 000+50 000+12 800+2 000=872 800（元）
应缴纳的关税=872 800×20%=174 560（元）

六、综合实训题

完税价格=（10 000×100×6.43+300 000×6.43）÷（1−3%）
=（6 430 000+1 929 000）÷（1−3%）
=8 617 525.77（元）
应缴纳的关税=8 617 525.77×10%=861 752.6（元）
表格略。

项目五 企业所得税

一、单项选择题

1.B 2.C 3.C 4.B 5.D 6.B 7.C 8.C 9.D 10.C 11.C 12.C 13.B 14.C 15.A 16.A 17.B 18.B 19.D 20.A 21.B 22.B 23.B 24.C 25.B

二、多项选择题

1.ABC 2.AC 3.ACD 4.ABC 5.ABCD 6.AB 7.ABD 8.BCD 9.AC 10.ABC 11.ABCD 12.AB 13.ABC 14.AB 15.ABCD 16.AB 17.CD 18.ABCD 19.AD 20.ACD

三、判断题

1.× 2.× 3.✓ 4.× 5.× 6.× 7.✓ 8.✓ 9.× 10.× 11.✓ 12.× 13.✓ 14.× 15.✓ 16.✓ 17.✓ 18.× 19.× 20.×

四、简答题

（略）

五、实务题

1.（1）利润总额=6 000+150−3 100−60−1 200−200−800=790（万元）

（2）纳税调整项目：

国债利息收入40万元免税。

允许扣除的广告费和业务宣传费为900万元（6 000×15%），所以广告费和业务宣传费调增100万元（1 000−900）。

允许扣除的借款利息为120万元（2 000×6%），所以利息调增30万元（150−120）。

加计扣除研究开发费用调减150万元（200×75%）。

所以，应纳税所得额=790−40+100+30−150−60=670（万元）

（3）应纳所得税额=670×25%−500×10%=117.5（万元）

2.（1）利润总额=2 500−1 100−670−480−60−（160−120）+70−50=170（万元）

（2）纳税调整项目：

允许扣除的广告费为375万元（2 500×15%），所以广告费调增75万元（450−375）。

允许扣除的业务招待费为9万元（15×60%），且不超过12.5万元（2 500×5‰），即允许扣除9万元，所以业务招待费调增6万元。

公益性捐赠扣除限额为20.4万元（170×12%），小于30万元，所以调增9.6万元。税收滞纳金调增6万元。

职工工会经费调增1万元，职工福利费调增2万元，职工教育经费调增1万元。

所以，应纳税所得额=170+75+6+9.6+6+1+2+1=270.6（万元）

（3）应纳所得税额=270.6×25%=67.65（万元）

3.境内应纳所得税额=100×25%=25（万元）

境外：A国应纳所得税额=50×25%=12.5（万元），已纳所得税额=10万元。

B国应纳所得税额=30×25%=7.5（万元），已纳所得税额=10.5万元。

境内外应纳所得税额=25+（12.5+7.5）−（10+7.5）=27.5（万元）

4.（1）应纳税所得额=1 500−100+120−140+400+220=2 000（万元）

应纳所得税额=2 000×25%=500（万元）

（2）2020年账面价值与计税基础之间的差异对纳税的影响（见表5-13）：

表5-13　2020年账面价值与计税基础之间的差异对纳税的影响　单位：万元

项目	账面价值	计税基础	应纳税暂时性差异	可抵扣暂时性差异
交易性金融资产	440	300	140	
固定资产	600	1 000		400
预计负债	220	0		220
合计	1 260	1 300	140	620

递延所得税负债=140×25%=35（万元）

递延所得税资产=620×25%=155（万元）

会计核算如下：

①计提所得税：

借：所得税费用——当期所得税费用 5 000 000

贷：应交税费——应交所得税 5 000 000

②确认递延所得税负债：

借：所得税费用——递延所得税费用 350 000

贷：递延所得税负债 350 000

确认递延所得税资产：

借：递延所得税资产 1 550 000

贷：所得税费用——递延所得税费用 1 550 000

5.2014—2018年暂时性差异及该项差异对纳税的影响见表5-14。

表5-14 2014—2018年暂时性差异及该项差异对纳税的影响 单位：万元

年份	账面价值	计税基础	账面价值与计税基础的差额	应纳税暂时性差异	递延所得税负债	会计利润	应纳税所得额
2014	360	300	60	60	19.8	100	40
2015	270	180	90	30	9.9	250	220
2016	180	90	90	0	−7.2	300	300
2017	90	30	60	−30	−7.5	380	410
2018	0	0	0	−60	−15	470	530

2014—2018年会计核算如下：

（1）2014年：

计提所得税：

借：所得税费用——当期所得税费用 132 000

贷：应交税费——应交所得税 132 000

确认递延所得税负债：

借：所得税费用——递延所得税费用 198 000

贷：递延所得税负债 198 000

（2）2015年：

计提所得税：

借：所得税费用——当期所得税费用 726 000

贷：应交税费——应交所得税 726 000

确认递延所得税负债：

借：所得税费用——递延所得税费用 99 000

贷：递延所得税负债 99 000

（3）2016年：

计提所得税：

借：所得税费用——当期所得税费用　　750 000

　　贷：应交税费——应交所得税　　750 000

税率的变化对所得税的影响：

借：递延所得税负债　　72 000

　　贷：所得税费用——递延所得税费用　　72 000

（4）2017年：

计提所得税：

借：所得税费用——当期所得税费用　　1 025 000

　　贷：应交税费——应交所得税　　1 025 000

转销递延所得税负债：

借：递延所得税负债　　75 000

　　贷：所得税费用——递延所得税费用　　75 000

（5）2018年：

计提所得税：

借：所得税费用——当期所得税费用　　1 325 000

　　贷：应交税费——应交所得税　　1 325 000

转销递延所得税负债：

借：递延所得税负债　　150 000

　　贷：所得税费用——递延所得税费用　　150 000

六、综合实训题

（1）利润总额=8 000−4 500−1 400−1 500−60−（350−260）+100−80=470（万元）

纳税调整项目：

工会经费调增6万元（30−1 200×2%），职工福利费调增22万元（190−1 200×14%），职工教育经费调增5万元（101−1 200×8%）。

国债利息收入12万元免税，财政补贴5万元不纳税。

允许扣除的业务招待费为30万元（50×60%），且不超过40万元（8 000×5‰），即允许扣除30万元，业务招待费调增20万元（50−30）。

允许扣除的广告费和业务宣传费为1 200万元（8 000×15%），实际发生1 250万元，所以广告费和业务宣传费调增50万元（1 250−1 200）。

企业提取的存货减值准备不允许扣除，所以应调增2.5万元。

公益性捐赠可以抵扣56.4万元（470×12%），所以应调增3.6万元（60−56.4）。

加计扣除“三新”研发费用调减90万元（120×75%）。

税收滞纳金5万元不允许扣除。

所以，应纳税所得额=470+6+22+5−12−5+20+50+2.5+3.6−90+5=477.1（万元）

应纳所得税额=477.1×25%=119.275（万元）

应补缴所得税额=119.275−100=19.275（万元）

（2）编制2021年度企业所得税纳税申报表，见表5-15至表5-24。

表5-15 中华人民共和国企业所得税年度纳税申报表（A类） 金额单位：元

行次	类别	项　　目	金　额
1	利润总额计算	一、营业收入（填写A101010\101020\103000）	80 000 000.00
2		减：营业成本（填写A102010\102020\103000）	45 000 000.00
3		减：税金及附加	900 000.00
4		减：销售费用（填写A104000）	1 4000 000.00
5		减：管理费用（填写A104000）	1 5000 000.00
6		减：财务费用（填写A104000）	600 000.00
7		减：资产减值损失	
8		加：公允价值变动收益	
9		加：投资收益	
10		二、营业利润（1-2-3-4-5-6-7+8+9）	4 500 000.00
11		加：营业外收入（填写A101010\101020\103000）	1 000 000.00
12		减：营业外支出（填写A102010\102020\103000）	800 000.00
13		三、利润总额（10+11-12）	4 700 000.00
14	应纳税所得额计算	减：境外所得（填写A108010）	
15		加：纳税调整增加额（填写A105000）	1 141 000.00
16		减：纳税调整减少额（填写A105000）	
17		减：免税、减计收入及加计扣除（填写A107010）	1 070 000.00
18		加：境外应税所得抵减境内亏损（填写A108000）	
19		四、纳税调整后所得（13-14+15-16-17+18）	4 771 000.00
20		减：所得减免（填写A107020）	
21		减：弥补以前年度亏损（填写A106000）	
22		减：抵扣应纳税所得额（填写A107030）	
23		五、应纳税所得额（19-20-21-22）	4 771 000.00
24	应纳税额计算	税率（25%）	25%
25		六、应纳所得税额（23×24）	1 192 750.00
26		减：减免所得税额（填写A107040）	
27		减：抵免所得税额（填写A107050）	
28		七、应纳税额（25-26-27）	1 192 750.00
29		加：境外所得应纳所得税额（填写A108000）	
30		减：境外所得抵免所得税额（填写A108000）	
31		八、实际应纳所得税额（28+29-30）	1 192 750.00
32		减：本年累计实际已缴纳的所得税额	1 000 000.00
33		九、本年应补（退）所得税额（31-32）	192 750.00
34		其中：总机构分摊本年应补（退）所得税额（填写A109000）	
35		财政集中分配本年应补（退）所得税额（填写A109000）	
36		总机构主体生产经营部门分摊本年应补（退）所得税额（填写A109000）	

表 5-16 一般企业收入明细表

行次	项目	金额
1	一、营业收入（2+9）	80 000 000.00
2	（一）主营业务收入（3+5+6+7+8）	80 000 000.00
3	1. 销售商品收入	80 000 000.00
4	其中：非货币性资产交换收入	
5	2. 提供劳务收入	
6	3. 建造合同收入	
7	4. 让渡资产使用权收入	
8	5. 其他	
9	（二）其他业务收入（10+12+13+14+15）	
10	1. 销售材料收入	
11	其中：非货币性资产交换收入	
12	2. 出租固定资产收入	
13	3. 出租无形资产收入	
14	4. 出租包装物和商品收入	
15	5. 其他	
16	二、营业外收入（17+18+19+20+21+22+23+24+25+26）	1 000 000.00
17	（一）非流动资产处置利得	
18	（二）非货币性资产交换利得	
19	（三）债务重组利得	
20	（四）政府补助利得	50 000.00
21	（五）盘盈利得	
22	（六）捐赠利得	
23	（七）罚没利得	
24	（八）确实无法偿付的应付款项	500 000.00
25	（九）汇兑收益	
26	（十）其他	450 000.00

表5-17 一般企业成本支出明细表

行次	项目	金额
1	一、营业成本（2+9）	45 000 000.00
2	（一）主营业务成本（3+5+6+7+8）	45 000 000.00
3	1.销售商品成本	45 000 000.00
4	其中：非货币性资产交换成本	
5	2.提供劳务成本	
6	3.建造合同成本	
7	4.让渡资产使用权成本	
8	5.其他	
9	（二）其他业务成本（10+12+13+14+15）	
10	1.销售材料成本	
11	其中：非货币性资产交换成本	
12	2.出租固定资产成本	
13	3.出租无形资产成本	
14	4.包装物出租成本	
15	5.其他	
16	二、营业外支出（17+18+19+20+21+22+23+24+25+26）	800 000.00
17	（一）非流动资产处置损失	
18	（二）非货币性资产交换损失	
19	（三）债务重组损失	
20	（四）非常损失	
21	（五）捐赠支出	600 000.00
22	（六）赞助支出	
23	（七）罚没支出	50 000.00
24	（八）坏账损失	
25	（九）无法收回的债券股权投资损失	
26	（十）其他	150 000.00

表 5-18　　期间费用明细表　　单位：元

行次	项目	销售费用	其中：境外支付	管理费用	其中：境外支付	财务费用	其中：境外支付
		1	2	3	4	5	6
1	一、职工薪酬	1 240 000.00	*	7 440 000.00	*	*	*
2	二、劳务费					*	*
3	三、咨询顾问费					*	*
4	四、业务招待费		*	500 000.00	*	*	*
5	五、广告费和业务宣传费	12 500 000.00	*		*	*	*
6	六、佣金和手续费						
7	七、资产折旧摊销费		*		*	*	*
8	八、财产损耗、盘亏及毁损损失		*	25 000.00	*	*	*
9	九、办公费		*		*	*	*
10	十、董事会费		*		*	*	*
11	十一、租赁费					*	*
12	十二、诉讼费		*		*	*	*
13	十三、差旅费		*		*	*	*
14	十四、保险费		*		*	*	*
15	十五、运输、仓储费					*	*
16	十六、修理费					*	*
17	十七、包装费		*		*	*	*
18	十八、技术转让费					*	*
19	十九、研究费用			1 200 000.00		*	*
20	二十、各项税费		*		*	*	*
21	二十一、利息收支	*	*	*	*	600 000.00	
22	二十二、汇兑差额	*	*	*	*		
23	二十三、现金折扣	*	*	*	*		*
24	二十四、党组织工作经费	*	*		*	*	*
25	二十五、其他	260 000.00		5 835 000.00			
26	合计（1+2+3+…+25）	14 000 000.00		15 000 000.00		600 000.00	

表 5-19 纳税调整项目明细表 单位：元

行次	项目	账载金额	税收金额	调增金额	调减金额
		1	2	3	4
1	一、收入类调整项目（2+3+…8+10+11）				170 000
2	（一）视同销售收入（填写A105010）				
3	（二）未按权责发生制原则确认的收入（填写A105020）				
4	（三）投资收益（填写A105030）				
5	（四）按权益法核算长期股权投资对初始投资成本调整确认收益				
6	（五）交易性金融资产初始投资调整				
7	（六）公允价值变动净损益				
8	（七）不征税收入				50 000
9	其中：专项用途财政性资金（填写A105040）				
10	（八）销售折扣、折让和退回				
11	（九）其他				120 000
12	二、扣除类调整项目（13+14+…24+26+27+28+29+30）			1 141 000	
13	（一）视同销售成本（填写A105010）				
14	（二）职工薪酬（填写A105050）	15 210 000	14 880 000	330 000	
15	（三）业务招待费支出	500 000	300 000	200 000	
16	（四）广告费和业务宣传费支出（填写A105060）			500 000	
17	（五）捐赠支出（填写A105070）	600 000	564 000	36 000	
18	（六）利息支出				
19	（七）罚金、罚款和被没收财物的损失				
20	（八）税收滞纳金、加收利息	50 000		50 000	
21	（九）赞助支出				
22	（十）与未实现融资收益相关在当期确认的财务费用				
23	（十一）佣金和手续费支出（保险企业填写A105060）				
24	（十二）不征税收入用于支出所形成的费用				
25	其中：专项用途财政性资金用于支出所形成的费用（填写A105040）				
26	（十三）跨期扣除项目				

续表

行次	项目	账载金额	税收金额	调增金额	调减金额
		1	2	3	4
27	（十四）与取得收入无关的支出				
28	（十五）境外所得分摊的共同支出				
29	（十六）党组织工作经费				
30	（十七）其他				
31	三、资产类调整项目（32+33+34+35）			25 000	
32	（一）资产折旧、摊销（填写A105080）				
33	（二）资产减值准备金	25 000		25 000	
34	（三）资产损失（填写A105090）				
35	（四）其他				
36	四、特殊事项调整项目（37+38+…+43）				
37	（一）企业重组及递延纳税事项（填写A105100）				
38	（二）政策性搬迁（填写A105110）				
39	（三）特殊行业准备金（39.1+39.2+39.4+39.5+39.6+39.7）				
39.1	1.保险公司保险保障基金				
39.2	2.保险公司准备金				
39.3	其中：已发生未报案未决赔款准备金				
39.4	3.证券行业准备金				
39.5	4.期货行业准备金				
39.6	5.中小企业融资（信用）担保机构准备金				
39.7	6.金融企业、小额贷款公司准备金（填写A105120）				
40	（四）房地产开发企业特定业务计算的纳税调整额（填写A105010）				
41	（五）合伙企业法人合伙人应分得的应纳税所得额				
42	（六）发行永续债利息支出				
43	（七）其他				
44	五、特别纳税调整应税所得				
45	六、其他				
46	合计（1+12+31+36+44+45）			1 166 000	

表 5-20　　职工薪酬支出及纳税调整明细表　　单位：元

行次	项目	账载金额	实际发生额	税收规定扣除率	以前年度累计结转扣除额	税收金额	纳税调整金额	累计结转以后年度扣除额
		1	2	3	4	5	6（1-5）	7（2+4-5）
1	一、工资薪金支出	12 000 000.00		*	*	12 000 000.00	0	*
2	其中：股权激励			*	*			*
3	二、职工福利费支出	1 900 000.00		14%	*	1 680 000.00	220 000.00	*
4	三、职工教育经费支出	1 010 000.00		*		960 000.00	50 000.00	
5	其中：按税收规定比例扣除的职工教育经费	1 010 000.00		8%		96 0000.00	50 000.00	
6	按税收规定全额扣除的职工培训费用				*			*
7	四、工会经费支出	300 000.00		2%	*	240 000.00	60 000.00	*
8	五、各类基本社会保障性缴款			*	*			*
9	六、住房公积金			*	*			*
10	七、补充养老保险				*			*
11	八、补充医疗保险				*			*
12	九、其他			*	*			*
13	合计（1+3+4+7+8+9+10+11+12）	15 210 000.00		*		14 880 000.00	330 000	

表 5-21　　广告费和业务宣传费跨年度纳税调整明细表　　单位：元

行次	项目	广告费和业务宣传费	保险企业手续费及佣金支出
		1	2
1	一、本年支出	12 500 000.00	
2	减：不允许扣除的支出	500 000.00	
3	二、本年符合条件的支出（1-2）	12 000 000.00	
4	三、本年计算扣除限额的基数	80 000 000.00	
5	乘：税收规定扣除率	15%	
6	四、本企业计算的扣除限额（4×5）	12 000 000.00	
7	五、本年结转以后年度扣除额（3＞6，本行=3-6；3≤6，本行=0）	0	
8	加：以前年度累计结转扣除额		
9	减：本年扣除的以前年度结转额［3＞6，本行=0；3≤6，本行=8与（6-3）孰小值］		
10	六、按照分摊协议归集至其他关联方的金额（10≤3与6孰小值）		*
11	按照分摊协议从其他关联方归集至本企业的金额		*
12	七、本年支出纳税调整金额（3＞6，本行=2+3-6+10-11；3≤6，本行=2+10-11-9）	500 000.00	
13	八、累计结转以后年度扣除额（7+8-9）	0	

表 5-22 捐赠支出及纳税调整明细表

单位：元

行次	项目	账载金额	以前年度结转可扣除的捐赠额	按税收规定计算的扣除限额	税收金额	纳税调增金额	纳税调减金额	可结转以后年度扣除的捐赠额
		1	2	3	4	5	6	7
1	一、非公益性捐赠		*	*	*		*	*
2	二、限额扣除的公益性捐赠（3+4+5+6）							
3	前三年度（ 年）	*		*	*	*		*
4	前二年度（ 年）	*		*	*	*		
5	前一年度（ 年）	*		*	*	*		
6	本年（ 年）	600 000.00	*	564 000.00	564 000.00	36 000.00	*	36 000.00
7	三、全额扣除的公益性捐赠		*	*		*	*	*
8	1.		*	*		*	*	*
9	2.		*	*		*	*	*
10	3.							
11	合计（1+2+7）	600 000.00	*	564 000.00	564 000.00	36 000.00	*	36 000.00
附列资料	2015年度至本年发生的公益性扶贫捐赠合计金额		*	*		*	*	*

表5-23 免税、减计收入及加计扣除优惠明细表 单位：元

行次	项目	金额
1	一、免税收入（2+3+6+7+…+16）	170 000.00
2	（一）国债利息收入免征企业所得税	120 000.00
3	（二）符合条件的居民企业之间的股息、红利等权益性投资收益免征企业所得税（填写A107011）	
4	其中：内地居民企业通过沪港通投资且连续持有H股满12个月取得的股息红利所得免征企业所得税（填写A107011）	
5	内地居民企业通过深港通投资且连续持有H股满12个月取得的股息红利所得免征企业所得税（填写A107011）	
6	（三）符合条件的非营利组织的收入免征企业所得税	
7	（四）符合条件的非营利组织（科技企业孵化器）的收入免征企业所得税	
8	（五）符合条件的非营利组织（国家大学科技园）的收入免征企业所得税	
9	（六）中国清洁发展机制基金取得的收入免征企业所得税	
10	（七）投资者从证券投资基金分配中取得的收入免征企业所得税	
11	（八）取得的地方政府债券利息收入免征企业所得税	
12	（九）中国保险保障基金有限责任公司取得的保险保障基金等收入免征企业所得税	
13	（十）中国奥委会取得北京冬奥组委支付的收入免征企业所得税	
14	（十一）中国残奥委会取得北京冬奥组委分期支付的收入免征企业所得税	
15	（十二）其他1	50 000.00
16	（十三）其他2	
17	二、减计收入（18+19+23+24）	
18	（一）综合利用资源生产产品取得的收入在计算应纳税所得额时减计收入	
19	（二）金融、保险等机构取得的涉农利息、保费减计收入（20+21+22）	
20	1.金融机构取得的涉农贷款利息收入在计算应纳税所得额时减计收入	
21	2.保险机构取得的涉农保费收入在计算应纳税所得额时减计收入	
22	3.小额贷款公司取得的农户小额贷款利息收入在计算应纳税所得额时减计收入	
23	（三）取得铁路债券利息收入减半征收企业所得税	
24	（四）其他	
25	三、加计扣除（26+27+28+29+30）	900 000.00
26	（一）开发新技术、新产品、新工艺发生的研究开发费用加计扣除（填写A107012）	900 000.00
27	（二）科技型中小企业开发新技术、新产品、新工艺发生的研究开发费用加计扣除（填写A107012）	
28	（三）企业为获得创新性、创意性、突破性的产品进行创意设计活动而发生的相关费用加计扣除	
29	（四）安置残疾人员所支付的工资加计扣除	
30	（五）其他	
31	合计（1+17+25）	1 070 000.00

表 5-24　　研发费用加计扣除优惠明细表　　单位：元

<table>
<tr><td colspan="4">基本信息</td></tr>
<tr><td>1</td><td>□ 一般企业　□ 科技型中小企业</td><td>科技型中小企业登记编号</td><td></td></tr>
<tr><td>2</td><td>本年可享受研发费用加计扣除项目数量</td><td></td><td></td></tr>
<tr><td colspan="4">研发活动费用明细</td></tr>
<tr><td>3</td><td colspan="2">一、自主研发、合作研发、集中研发（4+8+17+20+24+35）</td><td></td></tr>
<tr><td>4</td><td colspan="2">（一）人员人工费用（5+6+7）</td><td></td></tr>
<tr><td>5</td><td colspan="2">1.直接从事研发活动人员工资薪金</td><td></td></tr>
<tr><td>6</td><td colspan="2">2.直接从事研发活动人员五险一金</td><td></td></tr>
<tr><td>7</td><td colspan="2">3.外聘研发人员的劳务费用</td><td></td></tr>
<tr><td>8</td><td colspan="2">（二）直接投入费用（9+10+…+16）</td><td></td></tr>
<tr><td>9</td><td colspan="2">1.研发活动直接消耗材料费用</td><td></td></tr>
<tr><td>10</td><td colspan="2">2.研发活动直接消耗燃料费用</td><td></td></tr>
<tr><td>11</td><td colspan="2">3.研发活动直接消耗动力费用</td><td></td></tr>
<tr><td>12</td><td colspan="2">4.用于中间试验和产品试制的模具、工艺装备开发及制造费</td><td></td></tr>
<tr><td>13</td><td colspan="2">5.用于不构成固定资产的样品、样机及一般测试手段购置费</td><td></td></tr>
<tr><td>14</td><td colspan="2">6.用于试制产品的检验费</td><td></td></tr>
<tr><td>15</td><td colspan="2">7.用于研发活动的仪器、设备的运行维护、调整、检验、维修等费用</td><td></td></tr>
<tr><td>16</td><td colspan="2">8.通过经营租赁方式租入的用于研发活动的仪器、设备租赁费</td><td></td></tr>
<tr><td>17</td><td colspan="2">（三）折旧费用（18+19）</td><td></td></tr>
<tr><td>18</td><td colspan="2">1.用于研发活动的仪器的折旧费</td><td></td></tr>
<tr><td>19</td><td colspan="2">2.用于研发活动的设备的折旧费</td><td></td></tr>
<tr><td>20</td><td colspan="2">（四）无形资产摊销（21+22+23）</td><td></td></tr>
<tr><td>21</td><td colspan="2">1.用于研发活动的软件的摊销费用</td><td></td></tr>
<tr><td>22</td><td colspan="2">2.用于研发活动的专利权的摊销费用</td><td></td></tr>
<tr><td>23</td><td colspan="2">3.用于研发活动的非专利技术（包括许可证、专有技术、设计和计算方法等）的摊销费用</td><td></td></tr>
<tr><td>24</td><td colspan="2">（五）新产品设计费等（25+26+27+28）</td><td></td></tr>
<tr><td>25</td><td colspan="2">1.新产品设计费</td><td></td></tr>
<tr><td>26</td><td colspan="2">2.新工艺规程制定费</td><td></td></tr>
<tr><td>27</td><td colspan="2">3.新药研制的临床试验费</td><td></td></tr>
<tr><td>28</td><td colspan="2">4.勘探开发技术的现场试验费</td><td></td></tr>
</table>

续表

行次	项目	金额（数量）
29	（六）其他相关费用（30+31+32+33+34）	
30	1.技术图书资料费、资料翻译费、专家咨询费、高新科技研发保险费	
31	2.研发成果的检索、分析、评议、论证、鉴定、评审、评估、验收费用	
32	3.知识产权的申请费、注册费、代理费	
33	4.职工福利费、补充养老保险费、补充医疗保险费	
34	5.差旅费、会议费	
35	（七）经限额调整后的其他相关费用	
36	二、委托研发［（37−38）×80%］	
37	委托外部机构或个人进行研发活动所发生的费用	
38	其中：委托境外机构进行研发活动发生的费用	
39	三、年度研发费用小计（3+36）	
40	（一）本年费用化金额	
41	（二）本年资本化金额	
42	四、本年形成无形资产摊销额	
43	五、以前年度形成无形资产本年摊销额	
44	六、允许扣除的研发费用合计（40+42+43）	
45	减：特殊收入部分	
46	七、允许扣除的研发费用抵减特殊收入后的金额（44−45）	
47	减：当年销售研发活动直接形成产品（包括组成部分）对应的材料部分	
48	减：以前年度销售研发活动直接形成产品（包括组成部分）对应材料部分结转金额	
49	八、加计扣除比例	
50	九、本年研发费用加计扣除总额（46−47−48）×49	
51	十、销售研发活动直接形成产品（包括组成部分）对应材料部分结转以后年度扣减金额（当46−47−48≥0，本行＝0；当46−47−48＜0，本行＝46−47−48的绝对值）	

项目六　个人所得税

一、单项选择题

1.A　2.C　3.A　4.C　5.A　6.D　7. A　8.B　9. B　10.A　11.C　12.C　13.B　14.B　15.C

二、多项选择题

1.ABCD　2.AB　3.AD　4.ABC　5.AD　6.ACD　7.BD　8.BD　9.AB　10.ABCD　11.CD　12.ACD　13.AD　14.ABCD　15.ABD　16.BCD　17.ABCDEF　18.ABC　19.AB　20.AD　21. ABCD　22.ABC　23. ABCD　24. ABCD　25.ABC　26.ABCD　27.ABCD　28.ABCD　29.ABCD　30.ABCD

三、判断题

1.×　2. ✓　3. ✓　4.✓　5.✓　6.×　7. ✓　8.✓　9.×　10.×　11.×　12.×　13.✓　14. ✓　15.✓　16.✓　17.✓　18.✓　19. ✓　20.✓　21.✓　22.✓　23. ✓　24.✓　25.✓

四、简答题

（略）

五、实务题

1.应纳个人所得税=（40 000+5 000）×（1−20%）×70%×20%=5 040（元）

2.捐赠扣除限额=100 000×30%=30 000（元）

彩票中奖所得应纳个人所得税=（100 000−20 000）×20%=16 000（元）

3.应纳税所得额=400 000−120 000−5 000×12=220 000（元）

应纳个人所得税=220 000×20%−10 500=33 500（元）

4.雇工工资可据实扣除=1 000×12×5=60 000（元）

业主工资扣除数=5 000×12=60 000（元）

业务招待费按实际发生额计算的扣除限额为：30 000×60%=18 000（元），按收入计算的扣除限额为：500 000×5‰=2 500（元），因此可扣除2 500元。

广告费当年可扣除=500 000×15%=75 000（元），实际发生额为20 000元。

全年应纳税所得额=500 000−200 000−22 000−60 000−60 000−2 500−20 000
=135 500（元）

应纳个人所得税=135 500×20%−10 500=16 600（元）

5.杨敏6月应纳税所得额=15 000×6−5 000×6−（288+72+180+600）×6−2 000×6−1 000×6
=35 160（元）

杨敏6月应纳个人所得税=35 160×3%−879=175.8（元）

张静6月应纳税所得额=9 000×6−5 000×6−（144+36+90+300）×6−1 500×6
=11 580（元）

张静6月应纳个人所得税=11 580×3%−264.5=82.9（元）

6. 应纳个人所得税=60 000×（1−20%）×30%−2 000=12 400（元）

7. 出版小说、加印小说应纳个人所得税=（80 000+20 000）×（1−20%）×70%×20%=11 200（元）

小说连载收入应纳个人所得税=（3 500−800）×70%×20%=378（元）

审稿收入应纳个人所得税=30 000×（1−20%）×30%−2 000=5 200（元）

应纳个人所得税=11 200+378+5 200=16 778（元）

8. 工资应纳个人所得税=（28 000−5 000）×20%−1 410=3 190（元）

劳务报酬应纳个人所得税=86 000×（1−20%）×35%−7 160=16 920（元）

稿酬收入应纳个人所得税=［9 000×（1−20%）×70%］×10%−210=294（元）

特许权使用费所得应纳个人所得税=70 000×（1−20%）×35%−7 160=12 440（元）

9. 每月收入=84 000÷12=7 000（元）

5月应纳税额=［（7 000−192.5−800）×（1−20%）］×20%=961.2（元）（6月同）

7月应纳税额=［（7 000−192.5−200）×（1−20%）］×20%=1 057.2（元）

其他月应纳税额=［（7 000−192.5）×（1−20%）］×20%=1 089.2（元）

全年应纳税额=961.2×2+1 057.2+1 089.2×9=12 782.4（元）

10. 薛明、杨恺取得的一次性补偿收入低于当地上年职工平均工资3倍数额，所以免征个人所得税。

林莉取得一次性补偿收入254 620元，高于当地上年职工平均工资3倍数额，超过3倍数额的部分，单独适用综合所得税率表，计算个人所得税。

林莉应纳个人所得税=［254 620−（5 120.85×12×3）］×10%−2 520=4 506.94（元）

实发补偿款=254 620−4 506.94=250 113.06（元）

王伟取得一次性补偿收入452 830元，高于当地上年职工平均工资3倍数额，超过3倍数额的部分，单独适用综合所得税率表，计算个人所得税。

王伟应纳个人所得税=［452 830−（5 120.85×12×3）］×20%−16 920
=36 775.88（元）

实发补偿款=452 830−36 775.88=416 054.12（元）

11. 王刚奖金适用的税率和速算扣除数的确定如下：

60 000元除以12后，得出每月平均5 000元，所以税率为10%，速算扣除数为210。

王刚年终奖金应纳税额 = 60 000 ×10%−210= 5 790（元）

税后实发年终奖=60 000−5 790=54 210（元）

赵伟奖金适用的税率和速算扣除数的确定如下：

360 000元除以12后，得出每月平均30 000元，所以税率为25%，速算扣除数为2 660。

赵伟年终奖金应纳税额 = 360 000 ×25%−2 660= 87 340（元）

税后实发年终奖360 000−87 340=272 660（元）

12. 综合所得应纳税所得额=［（21 500−5 000−4 500−2 000）×12］+50 000×（1−20%）×70%+25 000×（1−20%）

=120 000+28 000+20 000（元）

=168 000（元）

综合所得应纳税额=168 000×20%−16 920=16 680（元）

13.（1）计算抵免限额：

境内外综合所得=［（30 000×12−4 000×12−1 000×12−5 000×12）+50 000×（1−20%）］+［200 000×（1−20%）+40 000×（1−20%）×70%］

=（240 000+40 000）+（160 000+22 400）

=462 400（元）

境内外综合所得应纳税额=462 400×30%−52 920=85 800（元）

境外综合所得应纳税额（或抵免限额）=85 800×（182 400÷462 400）

=33 844.98（元）

美国应补税款=33 844.98−28 500=5 344.98（元）

英国：股息收入应纳税额=20 000×20%=4 000（元）

（2）王某在国内应缴纳的个人所得税：

王某在美国取得所得的抵免限额为33 844.98元，在美国实际缴纳个人所得税28 500元，低于抵免限额，可以全额据实抵扣，并需要在我国补缴税款5 344.98元。

在英国取得所得的抵免限额为4 000元，实际在英国缴纳个人所得税5 000元，超出抵免限额的1 000元不能在本年度扣减，但可在以后5个纳税年度的该国减除限额的余额中补扣。

14. 采用新预扣预缴方法后，1—7月份，小王因其累计收入（8 000元×7个月=56 000元）不足6万元而无须缴税。从8月份起，小王累计收入超过6万元。则：

8月预扣预缴税款=（8 000×8−2 000×8−60 000）×3%−0<0

9月预扣预缴税款=（8 000×9−2 000×9−60 000）×3%−0<0

10月预扣预缴税款=（8 000×10−2 000×10−60 000）×3%−0=0

11月预扣预缴税款=（8 000×11−2 000×11−60 000）×3%−0=180（元）

12月预扣预缴税款=（8 000×12−2 000×12−60 000）×3%−180=180（元）

15. 主编应纳税额=（5 000+30 000÷4）×（1−20%）×70%×20%

=1 400（元）

其余3人各自应纳税额=30 000÷4×（1−20%）×70%×20%

=840（元）

稿酬共纳税=1 400+840×3

=3 920（元）

六、综合实训题

实训一

1.计算税款。

孙彪1月预扣预缴税额：

应纳税所得额=12 000−5 000−480−120−30−300−1 000−2 000
=3 070（元）

预扣预缴税额=3 070×3%
=92.1（元）

李丽1月预扣预缴税额：

应纳税所得额=15 000−5 000−480−120−30−300−1 000−1 000
=7 070（元）

预扣预缴税额=7 070×3%
=212.1（元）

张伟1月预扣预缴税额：

应纳税所得额=13 896−5 000−480−120−30−300−1 000−500
=6 466（元）

预扣预缴税额=6 466×3%
=193.98（元）

赵亮1月预扣预缴税额：

应纳税所得额=9 548−5 000−480−120−30−300−1 000
=2 618（元）

预扣预缴税额=2 618×3%
=78.54（元）

陈丽1月预扣预缴税额：

应纳税所得额=8 930−5 000−480−120−30−300−400
=2 600（元）

预扣预缴税额=2 600×3%
=78（元）

2.编制个人所得税扣缴申报表，见表6-15。

表 6-15

个人所得税扣缴申报表

税款所属期：2021 年 01 月 01 日至 2021 年 01 月 31 日

扣缴义务人名称：唐山建投集团有限公司

扣缴义务人纳税人识别号（统一社会信用代码）：□□□□□□□□□□□□□□□□□□□□

单位：人民币元（列至角分）

序号	姓名	身份证件类型	身份证件号码	纳税人识别号	是否为非居民个人	所得项目	本月（次）情况 收入额计算 收入	费用	免税收入	减除费用	专项扣除 基本养老保险费	基本医疗保险费	失业保险费	住房公积金	其他扣除 年金	商业健康保险	税延养老保险	财产原值	允许扣除的税费	其他	累计情况 累计收入额	累计减除费用	累计专项扣除	累计专项附加扣除 子女教育	赡养老人	住房贷款利息	住房租金	继续教育	累计其他扣除	减按计税比例	准予扣除的捐赠额	税款计算 应纳税所得额	税率/预扣率	速算扣除数	应纳税额	减免税额	已缴税额	应补/退税额	备注
1	2	3	4	5	6	7	8	9	10	11	12	13	14	15	16	17	18	19	20	21	22	23	24	25	26	27	28	29	30	31	32	33	34	35	36	37	38	39	40
01	孙彪	身份证	130203198007280036	130203198007280036	否	工资	12 000			5 000	480	120	30	300							12 000	5 000	930	1 000	2 000							3 070	3	0	92.10		0	92.10	
02	李丽	身份证	130203198305200178	130203198305200178	否	工资	15 000			5 000	480	120	30	300							15 000	5 000	930	1 000		1 000						7 070	3	0	212.10		0	212.10	
03	张伟	身份证	130202198507150356	130202198507150356	否	工资	13 896			5 000	480	120	30	300							13 896	5 000	930	500		1 000						6 466	3	0	193.98		0	193.98	
04	赵亮	身份证	130203197406210336	130203197406210336	否	工资	9 548			5 000	480	120	30	300							9 548	5 000	930				1 000					2 618	3	0	78.54		0	78.54	
05	陈丽	身份证	130203198306193124	130203198306193124	否	工资	8 930			5 000	480	120	30	300							8 930	5 000	930					400				2 600	3	0	78.00		0	78.00	
会计合计																																							

谨声明：本表是根据国家税收法律法规及相关规定填报的，是真实的、可靠的、完整的。

扣缴义务人（签章）：　　2021 年 2 月 10 日

经办人签字：

经办人身份证件号码：

代理机构签章：

代理机构统一社会信用代码：

受理人：

受理税务机关（章）：

受理日期：　年　月　日

国家税务总局监制

实训二

1.计算税款。

（1）工资预扣预缴税额：

杨立1月预扣预缴应纳税所得额=15 000−5 000−1 432−2 000−1 000
=5 568（元）

预扣预缴税额=5 568×3%=167.04（元）

（2）劳务报酬预扣预缴税额：

杨红预扣预缴应纳税所得额=3 800−800
=3 000（元）

捐赠限额=3 000×30%=900（元）

预扣预缴税额=（3 000−800）×20%=440（元）

张伟预扣预缴应纳税所得额=60 000×（1−20%）
=48 000（元）

捐赠限额=48 000×30%=14 400（元）

预扣预缴税额=（48 000−14 400）×30%−2 000=33 600×30%−2 000
=8 080（元）

（3）稿酬所得预扣预缴税额：

陈勇预扣预缴应纳税所得额=（3 000−800）×70%
=1 540（元）

捐赠限额=1 540×30%=462（元）

预扣预缴税额=（1 540−300）×20%=248（元）

李清预扣预缴应纳税所得额=［50 000×（1−20%）］×70%
=28 000（元）

捐赠限额=28 000×30%=8 400（元）

预扣预缴税额=（28 000−8 400）×20%
=3 920（元）

（4）特许权使用费所得预扣预缴税额：

张超预扣预缴应纳税所得额=2 000−800
=1 200（元）

捐赠限额=1 200×30%=360（元）

预扣预缴税额=（1 200−200）×20%=200（元）

蒋萍预扣预缴应纳税所得额=15 000×（1−20%）
=12 000（元）

捐赠限额=12 000×30%=3 600（元）

预扣预缴税额=（12 000−3 600）×20%
=1 680（元）

2.编制个人所得税扣缴申报表，见表6−16。

表 6-16

个人所得税扣缴申报表

税款所属期：2021 年 01 月 01 日至 2021 年 01 月 31 日

扣缴义务人名称：唐山开滦集团股份有限公司

扣缴义务人纳税人识别号（统一社会信用代码）：□□□□□□□□□□□□□□□□□□

金额单位：人民币元（列至角分）

序号	姓名	身份证件类型	身份证件号码	纳税人识别号	是否为非居民个人	所得项目	本月（次）情况：收入额计算：收入	收入额计算：费用	收入额计算：免税收入	减除费用	专项扣除：基本养老保险费	专项扣除：基本医疗保险费	专项扣除：失业保险费	专项扣除：住房公积金	其他扣除：年金	其他扣除：商业健康保险	其他扣除：税延养老保险	其他扣除：财产原值	其他扣除：允许扣除的税费	其他扣除：其他	累计情况：累计收入额	累计减除费用	累计专项扣除	累计专项附加扣除：子女教育	累计专项附加扣除：赡养老人	累计专项附加扣除：住房贷款利息	累计专项附加扣除：住房租金	累计专项附加扣除：继续教育	累计其他扣除	减按计税比例	准予扣除的捐赠额	税款计算：应纳税所得额	税率/预扣率	速算扣除数	应纳税额	减免税额	已缴税额	应补/退税额	备注
1	2	3	4	5	6	7	8	9	10	11	12	13	14	15	16	17	18	19	20	21	22	23	24	25	26	27	28	29	30	31	32	33	34	35	36	37	38	39	40
01	杨立	身份证	130202198306191365	130202198306191365	否	工资	15 000			5 000	288	144	100	900							15 000	5 000	1 432	1 000	2 000							5 568	3%	0	167.04				
02	杨红	身份证	130202197506173018	130202197506173018	否	劳务报酬	3 800			800																					800	2 200	20%	0	440				
03	张伟	身份证	13020319631018053X	13020319631018053X	否	劳务报酬	60 000			12 000																					14 400	33 600	30%	2 000	8 080				
04	陈勇	身份证	130203197605280517	130203197605280517	否	稿酬	3 000		660	800																					300	1 240	20%		248				
05	李清	身份证	13020319800704095X	13020319800704095X	否	稿酬	50 000		12 000	10 000																					8 400	19 600	20%		3 920				
06	张超	身份证	13020219841205504X	13020219841205504X	否	特许权使用费	2 000			800																					200	1 000	20%		200				
07	蒋萍	身份证	130202197508063521	130202197508063521	否	特许权使用费	15 000			3 000																					3 600	8 400	20%		1 680				
合计																																							

谨声明：本表是根据国家税收法律法规及相关规定填报的，是真实的、可靠的、完整的。

扣缴义务人（签章）：　　2021 年 2 月 10 日

经办人签字： 经办人身份证件号码： 代理机构签章： 代理机构统一社会信用代码：	受理人： 受理税务机关（章）： 受理日期：　年　月　日

国家税务总局监制

实训三

1. 计算税款。

（1）工资预扣预缴税款：

1 月预扣预缴应纳税所得额=12 000−5 000−800−2 000−200=4 000（元）

预扣预缴税额=4 000×3%−0=120（元）

2 月预扣预缴应纳税所得额=（12 000−5 000−800−2 000−200）×2=8 000（元）

预扣预缴税额=8 000×3%−120=120（元）

3 月预扣预缴应纳税所得额=（12 000−5 000−800−2 000−200）×3=12 000（元）

预扣预缴税额=12 000×3%−240=120（元）

4 月预扣预缴应纳税所得额=（12 000−5 000−800−2 000−200）×4=16 000（元）

预扣预缴税额=16 000×3%−360=120（元）

5 月预扣预缴应纳税所得额=（12 000−5 000−800−2 000−200）×5=20 000（元）

预扣预缴税额=20 000×3%−480=120（元）

6 月预扣预缴应纳税所得额=（12 000−5 000−800−2 000−200）×6=24 000（元）

预扣预缴税额=24 000×3%−600=120（元）

7 月预扣预缴应纳税所得额=（12 000−5 000−800−2 000−200）×7=28 000（元）

预扣预缴税额=28 000×3%−720=120（元）

8 月预扣预缴应纳税所得额=（12 000−5 000−800−2 000−200）×8=32 000（元）

预扣预缴税额=32 000×3%−840=120（元）

9 月预扣预缴应纳税所得额=（12 000−5 000−800−2 000−200）×9=36 000（元）

预扣预缴税额=36 000×3%−960=120（元）

10 月预扣预缴应纳税所得额=（12 000−5 000−800−2000−200）×10=40 000（元）

预扣预缴税额=（40 000×10%−2 520）−1 080=400（元）

11 月预扣预缴应纳税所得额=（12 000−5 000−800−2 000−200）×11=44 000（元）

预扣预缴税额=（44 000×10%−2 520）−（1 080+400）=400（元）

12 月预扣预缴应纳税所得额=（12 000−5 000−800−2 000−200）×12=48 000（元）

预扣预缴税额=（48 000×10%−2 520）−（1 080+400+400）=400（元）

（2）劳务报酬：

预扣预缴应纳税所得额=3 000−800=2 200（元）

预扣预缴税额=2 200×20%=440（元）

稿酬所得：

预扣预缴应纳税所得额=5 000×（1−20%）×70%=2 800（元）

预扣预缴税额=2 800×20%=560（元）

特许权使用费所得：

预扣预缴应纳税所得额=15 000×（1−20%）=12 000（元）

预扣预缴税额=12 000×20%=2 400（元）

（3）综合所得年度汇算清缴：

$$\text{年应纳税所得额}=\left(\text{工资、薪金所得}+\text{劳务报酬所得}+\text{稿酬所得}+\text{特许权使用费所得}\right)-60\,000-\text{三险一金}-\text{专项附加扣除}-\text{其他扣除}$$

年应纳税额=年应纳税所得额×税率-速算扣除数

居民小李2020年全年的收入与扣除为：

工资薪金所得：12 000×12=144 000（元）

劳务报酬所得：3 000-800=2 200（元）

稿酬所得：5 000×（1-20%）×70%=2 800（元）

特许权使用费所得=15 000×（1-20%）=12 000（元）

三险一金=800×12=9 600（元）

专项附加扣除=2 000×12=24 000（元）

其他扣除=200×12=2 400（元）

2021年3—6月对小李的2020年所有的综合所得进行汇算清缴：

年应纳税所得额=（144 000+2 200+2 800+12 000）-60 000-9 600-24 000-2 400
=65 000（元）

年应纳税额=65 000×10%-2 520=3 980（元）

小李2020年已预扣预缴个人所得税=（120×9+400×3）+440+560+2 400=5 680（元）

所以2021年汇算清缴，小李应补（退）个人所得税=3 980-5 680=-1 700（元）

2. 编制个人所得税年度自行纳税申报表，见表6-17。

表6-17 个人所得税年度自行纳税申报表

税款所属期：2020年01月01日至2020年01月31日

纳税人姓名：小李

纳税人识别号：□□□□□□□□□□□□□□□□□□□□□□ 金额单位：人民币元（列至角分）

项目	行次	金额
一、收入合计（1=2+3+4+5）	1	167 000
（一）工资、薪金所得	2	144 000
（二）劳务报酬所得	3	3 000
（三）稿酬所得	4	5 000
（四）特许权使用费所得	5	15 000
二、费用合计	6	60 000
三、免税收入合计	7	1 200
四、减除费用	8	4 800
五、专项扣除合计（9=10+11+12+13）	9	9 600
（一）基本养老保险费	10	
（二）基本医疗保险费	11	
（三）失业保险费	12	

续表

项目	行次	金额
（四）住房公积金	13	
六、专项附加扣除合计（14=15+16+17+18+19+20）	14	24 000
（一）子女教育	15	
（二）继续教育	16	
（三）大病医疗	17	
（四）住房贷款利息	18	
（五）住房租金	19	
（六）赡养老人	20	
七、其他扣除合计（21=22+23+24+25+26）	21	2 400
（一）年金	22	
（二）商业健康保险	23	
（三）税延养老保险	24	
（四）允许扣除的税费	25	
（五）其他	26	
八、准予扣除的捐赠额	27	
九、应纳税所得额（28=1-6-7-8-9-14-21-27）	28	65 000
十、税率（%）	29	10%
十一、速算扣除数	30	2 520
十二、应纳税额（31=28×29-30）	31	3 980
十三、减免税额	32	
十四、已缴税额	33	5 680
十五、应补/退税额（34=31-32-33）	34	-1 700

无住所个人附报信息			
在华停留天数		已在华停留年数	

谨声明：本表是根据国家税收法律法规及相关规定填报的，是真实的、可靠的、完整的。

纳税人签字：　年　月　日

经办人签字： 经办人身份证件号码： 代理机构签章： 代理机构统一社会信用代码：	受理人： 受理税务机关（章）： 受理日期：　年　月　日

国家税务总局监制

实训四

1.计算税款。

（1）利润总额=600 000−250 000−22 000−30 000−40 000−20 000−60 000
=178 000（元）

（2）纳税调整：

业务招待费扣除限额=600 000×5‰=3 000（元）；实际发生额的60%为3 600元（6 000×60%），所以允许扣除3 000元，调增3 000元。

允许扣除借款利息=100 000×7%=7 000（元），实际发生10 000元，所以允许扣除7 000元，调增3 000元。

小货车发生车祸损失60 000元，保险公司赔款35 000元不允许扣除，调增35 000元。

（3）应纳税所得额：

应纳税所得额=178 000+3 000+3 000+35 000=219 000（元）

应纳税额=219 000×20%−10 500=33 300（元）

应补税额=33 300−25 000=8 300（元）

2.个人所得税经营所得纳税申报表，见表6-18。

表6-18　　个人所得税经营所得纳税申报表（B表）

税款所属期：2020年01 月01 日至 2020年12 月31 日

纳税人姓名：李玲

纳税人识别号：□□□□□□□□□□□□□□□□□□□□□□□　　金额单位：人民币元（列至角分）

被投资单位信息	名称		纳税人识别号（统一社会信用代码）	

项目	行次	金额/比例
一、收入总额	1	600 000
其中：国债利息收入	2	
二、成本费用（3=4+5+6+7+8+9+10）	3	
（一）营业成本	4	250 000
（二）营业费用	5	30 000
（三）管理费用	6	40 000
（四）财务费用	7	20 000
（五）税金	8	22 000
（六）损失	9	60 000
（七）其他支出	10	
三、利润总额（11=1-2-3）	11	178 000

续表

项目	行次	金额/比例
四、纳税调整增加额（12=13+27）	12	41 000
（一）超过规定标准的扣除项目金额（13=14+15+16+17+18+19+20+21+22+23+24+25+26）	13	41 000
1.职工福利费	14	
2.职工教育经费	15	
3.工会经费	16	
4.利息支出	17	3 000
5.业务招待费	18	3 000
6.广告费和业务宣传费	19	
7.教育和公益事业捐赠	20	
8.住房公积金	21	
9.社会保险费	22	
10.折旧费用	23	
11.无形资产摊销	24	
12.资产损失	25	35 000
13.其他	26	
（二）不允许扣除的项目金额（27=28+29+30+31+32+33+34+35+36）	27	
1.个人所得税税款	28	
2.税收滞纳金	29	
3.罚金、罚款和被没收财物的损失	30	
4.不符合扣除规定的捐赠支出	31	
5.赞助支出	32	
6.用于个人和家庭的支出	33	
7.与取得生产经营收入无关的其他支出	34	
8.投资者工资薪金支出	35	
9.其他不允许扣除的支出	36	
五、纳税调整减少额	37	
六、纳税调整后所得（38=11+12−37）	38	219 000

续表

项目	行次	金额/比例
七、弥补以前年度亏损	39	
八、合伙企业个人合伙人分配比例（%）	40	
九、允许扣除的个人费用及其他扣除（41=42+43+48+55）	41	
（一）投资者减除费用	42	
（二）专项扣除（43=44+45+46+47）	43	
1. 基本养老保险费	44	
2. 基本医疗保险费	45	
3. 失业保险费	46	
4. 住房公积金	47	
（三）专项附加扣除（48=49+50+51+52+53+54）	48	
1. 子女教育	49	
2. 继续教育	50	
3. 大病医疗	51	
4. 住房贷款利息	52	
5. 住房租金	53	
6. 赡养老人	54	
（四）依法确定的其他扣除（55=56+57+58+59）	55	
1. 商业健康保险	56	
2. 税延养老保险	57	
3.	58	
4.	59	
十、投资抵扣	60	
十一、准予扣除的个人捐赠支出	61	
十二、应纳税所得额（62=38−39−41−60−61）或［62=（38−39）×40−41−60−61］	62	219 000
十三、税率（%）	63	20%
十四、速算扣除数	64	10 500
十五、应纳税额（65=62×63−64）	65	33 300

续表

项目	行次	金额/比例
十六、减免税额（附报“个人所得税减免税事项报告表”）	66	
十七、已缴税额	67	25 000
十八、应补/退税额（68=65-66-67）	68	8 300
谨声明：本表是根据国家税收法律法规及相关规定填报的，是真实的、可靠的、完整的。 纳税人签字：　年　月　日		
经办人： 经办人身份证件号码： 代理机构签章： 代理机构统一社会信用代码：	受理人： 受理税务机关（章）： 受理日期：　　年　月　日	

国家税务总局监制

项目七　其他税

一、单项选择题

1.A　2.A　3.A　4.C　5.D　6.A　7.A　8.A　9.A　10.A　11.D　12.C　13.C　14.B　15.A

二、多项选择题

1.ABCD　2.CD　3.ACD　4.BC　5.AC　6.AD　7.ACD　8.AD　9.ABCD　10.ABCD　11.ABD　12.AD　13.ABC　14.BC　15.ABD　16.AB　17.ABCD　18.ABCD　19. ABCD　20.ABCD

三、判断题

1.✓　2.×　3.×　4.×　5.✓　6.✓　7.✓　8.✓　9.✓　10.×　11. ×　12. ✓　13. ✓

四、简答题

(略)

五、综合实训题

1.解：第一步：计算各污染物的污染当量数。

二氧化硫污染当量数=200÷0.95=210.53

氟化物污染当量数=200÷0.87=229.89

一氧化碳污染当量数=300÷16.7=17.96

氯化氢污染当量数=100÷10.75=9.30

第二步：计算应纳税额。

因为氟化物污染当量数>二氧化硫污染当量数>一氧化碳污染当量数>氯化氢污染当量数，该企业只有一个排放口，排序选取计税前3位为氟化物、二氧化硫和一氧化碳。

应纳税额=（229.89+210.53+17.96）×1.2＝550.06（元）

会计分录：

（1）计提环境保护税时：

借：税金及附加　550.06

　　贷：应交税费——应交环境保护税　550.06

（2）缴纳环境保护税时：

借：应交税费——应交环境保护税　550.06

　　贷：银行存款　550.06

2. 应纳城镇土地使用税=3 000×7+3 500×4=35 000（元）

会计分录：

（1）计提城镇土地使用税时：

借：税金及附加　35 000

　　贷：应交税费——应交城镇土地使用税　35 000

（2）上缴城镇土地使用税时：

借：应交税费——应交城镇土地使用税　35 000

　　贷：银行存款　35 000

3. 应纳印花税=3 000 000×0.5‰ +5 000 000×0.3‰ +1 000 000×0.05‰ +（12 000 000+3 000 000）×0.5‰=1 500+1 500+50+7 500=10 550（元）

会计分录：

借：税金及附加　10 550

　　贷：银行存款　10 550

4. 应纳车船税=14×5×100+10×1 000 +25×800 =7 000+10 000+20 000 =37 000（元）

会计分录：

（1）计提车船税时：

借：税金及附加　37 000

　　贷：应交税费——应交车船税　37 000

（2）缴纳车船税时：

借：应交税费——应交车船税　37 000

　　贷：银行存款　37 000

5. 编制的财产和行为税纳税申报表见表7-2。

表 7-2　　　　财产和行为税纳税申报表

纳税人识别号（统一社会信用代码）：□□□□□□□□□□□□□□□□□□□□□□

纳税人名称：　　　　　　　　　　　　　　　　　　金额单位：人民币元（列至角分）

序号	税种	税目	税款所属期起	税款所属期止	计税依据	税率	应纳税额	减免税额	已缴税额	应补（退）税额
1	环境保护税	大气污染物	2020年12月01日		458.38	1.2	550.06			550.06
2	城镇土地使用税		2020年12月01日		3 000	7	21 000			21 000
3	城镇土地使用税		2020年12月01日		3 500	4	14 000			14 000
4	印花税	购销合同	2020年12月01日		5 000 000	0.3‰	1 500			1 500
5	印花税	借款合同	2020年12月01日		1 000 000	0.05‰	50			50
6	印花税	产权转移书据	2020年12月01日		3 000 000	0.5‰	1 500			1 500
7	印花税	营业账簿（记载资金的账簿）	2020年12月01日		1 500 000	0.5‰	7 500			7 500
8	车船税	货车	2020年12月01日		70	100	7 000			7 000
9	车船税	客车	2020年12月01日		10	1 000	10 000			10 000
10	车船税	客车	2020年12月01日		25	800	20 000			20 000
11	合计			-	-	-	83 100.06			83 100.06

声明：此表是根据国家税收法律法规及相关规定填写的，本人（单位）对填报内容（及附带资料）的真实性、可靠性、完整性负责。

纳税人（签章）：　年　月　日

经办人： 经办人身份证号： 代理机构签章： 代理机构统一社会信用代码：	受理人： 受理税务机关（章）： 受理日期：年月日

项目八　税收征管相关法规

一、单项选择题

1.C　2.B　3.A　4.A　5.B

二、多项选择题

1.ABC　2.ABC　3.ABC　4.ABC　5.ABCD　6.ABC　7.ACD　8.AB　9.ACD　10.AB

三、判断题

1.✓　2.✓　3.×　4.×　5.×

四、简答题

（略）

五、实务题

（略）